Dom Itamar Vian
Frei Aldo Colombo

Do jeito certo

Parábolas modernas sobre coisas antigas e novas

Dados Internacionais de Catalogação na Publicação (CIP)
(Câmara Brasileira do Livro, SP, Brasil)

Vian, Itamar
   Do jeito certo : parábolas modernas sobre coisas antigas
e novas / Itamar Vian, Aldo Colombo. – São Paulo : Paulinas,
2010. – (Coleção sabor de vida)

   ISBN 978-85-356-2694-0

   1. Parábolas I. Colombo, Aldo. II. Título. III. Título: Parábolas modernas sobre antigas e novas. IV. Série.

10-07773   CDD-808.83

Índice para catálogo sistemático:
1. Parábolas : Coletâneas : Literatura   808.83

3ª edição – 2011

Direção-geral: Flávia Reginatto

Editora responsável: Andréia Schweitzer

Coordenação de revisão: Marina Mendonça

Copidesque: Rosangela Barboza

Revisão: Leonilda Menossi

Direção de arte: Irma Cipriani

Assistente de arte: Sandra Braga

Gerente de produção: Felício Calegaro Neto

Capa e diagramação: Telma Custódio

Nenhuma parte desta obra pode ser reproduzida ou transmitida
por qualquer forma e/ou quaisquer meios (eletrônico ou mecânico,
incluindo fotocópia e gravação) ou arquivada em qualquer sistema ou
banco de dados sem permissão escrita da Editora. Direitos reservados.

Paulinas
Rua Dona Inácia Uchoa, 62
04110-020 – São Paulo – SP (Brasil)
Tel.: (11) 2125-3500
http://www.paulinas.org.br– editora@paulinas.com.br
Telemarketing: 0800-7010081
© Pia Sociedade Filhas de São Paulo, São Paulo, 2010

Sumário

Apresentação 5
Jesus na sala de aula 7
A velha ponte 10
Os anjos e a felicidade 13
A pedra preciosa 15
Não aceite a derrota 17
As cartas do pai 19
A figueira e o bambu 21
O espelho mágico 24
Aprendendo com os erros 27
A outra mulher 29
O paraíso perdido 32
O tempo resolve 34
A sabedoria do perdão 37
Olhe para a frente 39
O último lugar 41
A esperteza do mal 43
O exemplo do pai 45
Sim, eu posso! 48
Este é o meu jeito 50
Viciados em TV 52
Excesso de bagagem 54
Minhas duas mães 56
Surpresas de Deus 59

Deixe Deus agir 61

As três árvores 63

A ocasião certa 65

Bilhete premiado 67

Culpas e desculpas 69

A arte de morrer 71

Os erros da vida 74

"Eles não falharão" 76

Pedras preciosas 78

O espelho e a janela 80

Amiga perigosa 82

O endereço de Deus 85

O diabo fecha a loja 87

O caçador e a onça 89

O leão e o grilo 91

O lobo e o cordeiro 93

O mendigo e o rei 96

O monge e o tesouro 98

Plantando árvores 100

Os três pedidos 103

Presente de Deus 105

Quatro segredos 107

O mendigo e o pão 109

Começar de novo 111

Errar é humano 113

Queimar os navios 115

Aprendam de mim 117

Apresentação

Acusado de irresponsável e sonhador, Cristóvão Colombo acabou chegando à América. Em certa ocasião, diante de seus invejosos interlocutores, ele apresentou um desafio: qual deles era capaz de, sem amparo nenhum, colocar um ovo em pé, sobre uma mesa? Todos tentaram, mas não conseguiram. Ao chegar a sua vez, o genial descobridor tomou o ovo e, batendo-o levemente sobre a mesa, achatou a sua ponta, quebrando um pouco da casca. E assim, sem dificuldades, colocou o ovo de pé. Os outros protestaram: "Assim nós também podíamos fazer". Mas não o fizeram.

Cristóvão Colombo descobriu um jeito certo de colocar o ovo em pé e assim o fez. Nas tarefas comuns, do dia a dia, existem muitas maneiras de fazer a mesma coisa e alcançar um objetivo. Mas, no campo da moral e da fé, existe uma só maneira: a correta. Fora esta opção, as coisas erradas sempre acabam por aparecer.

A parceria entre Frei Aldo Colombo, Dom Itamar Vian e Paulinas Editora oferece aos leitores um novo livro: *Do jeito certo.* Nos moldes dos livros anteriores, traz uma coleção de pequenos fatos e parábolas. De cada página, podemos tirar uma lição para a nossa vida diária. Os leitores, através das duas perguntas finais, podem completar a mensagem, elaborando a sua própria reflexão.

A quem se destina este livro? O perfil é variado: a jovens e adultos, a sacerdotes, religiosos e leigos que dispõem de espaços em rádios, aos catequistas, aos casais, aos grupos de jovens, aos professores... O livro também pode ser muito útil às famílias, no diálogo entre pais e filhos.

Muitos dos ensinamentos contidos aqui vieram desde o tempo de Jesus Cristo ou até antes, e chegaram até nós, viajando de geração a geração. Resgatá-los é relembrar e colocar em prática seus valores, o que infelizmente nem sempre acontece na atualidade, quando a sociedade e os grandes meios de comunicação dispensam o passado e a tradição, e com eles, o bom senso e a sabedoria das nossas raízes.

Este livro insiste em coisas óbvias, mas que valem a pena ser repetidas. Os valores do Evangelho e da tradição cristã são eternos. Mas, nada melhor do que algumas parábolas modernas, seguindo o método do próprio Jesus, para relembrar coisas antigas e compreender melhor as novas.

Jesus na sala de aula

Ana Luísa sempre foi uma boa aluna e tirava as melhores notas da sala. Ela sonhava ser professora. Cresceu e realizou seu sonho. A sua primeira experiência foi numa escola na periferia, com uma classe especial, formada por alunos repetentes.

Ela prometeu a si mesma que amaria intensamente aquelas crianças que não eram amadas, e faria delas pessoas voltadas para o bem. Mas, aos poucos, a promessa ficava mais difícil de ser cumprida: Ana Luísa se decepcionava dia após dia. Os alunos eram rebeldes, desordeiros... enfim, impossíveis. Todos os dias inventavam algo para provocar a jovem professora.

A gota d'água foi quando eles encheram a sua mesa com um monte de figuras pornográficas. Chorando, Ana Luísa apresentou seu pedido de demissão, em caráter irrevogável. A diretora da escola, uma mulher sábia e dedicada, argumentou:

— Mas como você vai fazer isto, se em sua sala está estudando o próprio Jesus!

— Como? — perguntou a jovem, incrédula.

E a diretora garantiu:

— Sim, é isso mesmo que você ouviu. Jesus está inscrito na sua sala de aula. Mas ele está incógnito. Não sabemos quem é.

A jovem mestra ouvia tudo, intrigada.

– Não posso lhe dizer mais nada. Mas lhe asseguro que não estou brincando. Ele é um de seus alunos – ressaltou a diretora.

Assim, Ana Luísa retornou à sala de aula, mas com outros olhos. "Quem será?", se perguntava. Levantava hipóteses e suspeitas sobre qual de seus alunos poderia ser Jesus, que acabavam no mesmo dilema: "pode ser ou não". Afinal, como saber, se Jesus não queria ser reconhecido?

Então, desde aquele momento, a professora passou a tratar cada um dos seus alunos com especial carinho e esmero, pois imaginava que Jesus poderia ser qualquer um deles. E aos poucos, tudo foi mudando: os alunos começaram a se sentir respeitados e aprenderam a respeitar também.

A história que a diretora contou a Ana Luísa não foi inventada. Ela leu no próprio Evangelho: "Eu tive fome e me destes de comer; tive sede e me destes de beber; fui peregrino e me acolhestes; estive nu e me vestistes; enfermo e me visitastes; estava preso e viestes ver-me" (Mt 25,35-36). Eis aí o vestibular para o paraíso.

São João da Cruz tem duas sentenças magistrais sobre o julgamento de Deus, que podem ser usadas para ilustrar esta história: "Onde não há amor, plante amor e, um dia, colherá amor. E no anoitecer da vida, todos seremos julgados pelo amor". Naturalmente a palavra amor tem muitos significados. Aqui, falo do amor responsável e exigente, do amor que tem sua origem em Deus.

Existe uma norma básica em todo processo educacional, que pode ser sintetizada em poucas – mas importantes – palavras: amor, firmeza e diálogo. E, se isto não funcionar, apele para o perdão. E depois recomece, com amor, firmeza e diálogo.

Na escola da vida, você saberia reconhecer Jesus?

O que significa um amor responsável e exigente?

A velha ponte

Um homem e sua esposa foram convidados para uma grande festa de família e partiram para a viagem. Mas estavam preocupados, pois precisariam passar por uma ponte muito velha, que todos consideravam insegura. A esposa, em vez de sentir alegria por ir a uma festa, cultivava o medo: "Como vamos atravessar a ponte?", perguntava ao marido. "É insegura e não terei coragem de passar".

A viagem foi marcada pelo medo. Nem as lindas paisagens, as flores, os pássaros, nem a perspectiva da festa animavam os dois. Mas tiveram uma grande surpresa: quando chegaram ao local da travessia, descobriam que no lugar da ponte velha, havia sido construída, há bem pouco tempo, uma ponte nova. E assim, puderam cruzá-la em plena segurança.

A vida também é uma travessia, uma aventura na direção de uma grande festa. E pode se tornar uma viagem desagradável, quando levamos como acompanhantes sentimentos como o medo, o pessimismo, o desânimo, a avareza, a depressão, a insegurança... Eles fazem com que a alegria do momento seja comprometida pelas incertezas do futuro, trazendo para o presente as preocupações que podem ou não se concretizar. Mas, quando chega o momento tão esperado, descobrimos que existe uma ponte nova e podemos atravessá-la com total segurança. Ou seja, nós nos preocupamos à toa.

Para cada dia, basta o seu peso, observa a Bíblia (cf. Mt 6,34). Hoje resolvemos os problemas de hoje; amanhã é outro dia. E Deus não nos dá a luz para toda a caminhada. Ele nos concede a luz suficiente para um dia. Os acontecimentos são tantos e não merecem que percamos muito tempo com eles. Mesmo porque, aquilo que tanto tememos pode não se tornar realidade.

Não podemos deixar de viver bem o presente em função da nossa preocupação com o futuro. Um caso típico é o do avarento, que passa privações hoje, com medo de enfrentá-las mais tarde. Ou o caso do senhor que, mordido pela mesquinharia, comia sempre até o pão duro que sobrava, só para não desperdiçar. E há o exemplo do pessimista, que não usufruía o dinheiro, mas o guardava. "Para quando ficar doente", dizia consigo.

Bem diferente é a atitude daquele que namora a vida e suas possibilidades. Não ignora as dificuldades, mas confia em sua inteligência e vontade. "Sempre haverá um jeito", pensa. E tem a certeza de que tudo vai dar certo. Preocupar-se é ocupar-se antes do tempo. O cristão sabe que possui um Pai previdente. Nem sempre ele nos livra da cruz, mas sempre nos dá a força para superá-la. Por isso, não podemos perder o tempo de hoje pensando no amanhã.

> *"Namorar a vida". O que lhe sugere esta frase?*
>
> *Pense bem: os maiores medos que você sente são reais ou imaginários?*

Os anjos e a felicidade

O mundo vivia sua primeira manhã. No céu, os anjos, maravilhados, contemplavam o esplendor da criação do jardim terreal e seus primeiros habitantes. Travessos como todas as crianças, os anjos inventaram uma brincadeira: iriam esconder a felicidade para que os homens e as mulheres a encontrassem. E, naturalmente, a felicidade deveria ser muito bem escondida, para dificultar a sua descoberta.

Um anjo arriscou:

– Vamos escondê-la no alto de uma montanha.

Um companheiro não achou a ideia muito boa:

– Eles têm força. Vão poder subir a montanha e descobri-la.

Outro anjo propôs:

– Então, vamos colocá-la no fundo do mar.

Esta ideia também foi recusada:

– Eles são curiosos e acabarão chegando lá.

– Já sei... vamos colocar a felicidade numa das muitas estrelas da Terra! – palpitou outro anjinho.

Mais uma vez, surgiram objeções:

– Mas eles são inteligentes e vão encontrá-la.

Um anjo que ficara em silêncio o tempo todo apresentou uma solução magistral:

– Vamos esconder a felicidade dentro deles mesmos e, assim, dificilmente vão encontrá-la.

Aceita a proposta, eles tiveram de apresentá-la a Deus, que sorriu e aprovou a ideia.

Isto se passou há muito, muito tempo e até hoje, os homens continuam procurando a felicidade. Mas têm imensa dificuldade para achá-la. Eles a procuram nos lugares mais surpreendentes: em países distantes, no dinheiro, no prazer, na glória... Muitas vezes, chegam à conclusão que a felicidade não existe.

Enquanto a buscamos do lado de fora, a felicidade está dentro de cada um de nós. O ponto de partida para encontrá-la é definir o que queremos. O grande mandamento do amor nos leva a nos aceitar como somos e às nossas possibilidades, e também, a aceitar o outro. E aceitando a nós mesmos e o outro acabaremos encontrando Deus. Aí sim, a felicidade se torna completa.

Para você, onde está a felicidade?

Você acredita que é possível ser feliz sem amor?

A pedra preciosa

Um peregrino dormia tranquilamente embaixo de uma árvore, nos arredores de uma cidade, quando foi acordado por uma voz que reclamava:

–Eu quero a pedra preciosa!

O homem levantou-se e foi ao encontro da pessoa que gritava:

– Que tipo de pedra queres, irmão?

E o outro explicou:

– Em sonho, Deus me revelou que um peregrino me daria uma pedra preciosa e eu ficaria muito rico.

O peregrino mexeu em sua bolsa e tirou uma pedra:

– Encontrei esta perto do rio. Podes ficar com ela!

Retornando à cidade, ao amanhecer, o novo dono da pedra soube que ela era mesmo preciosa. Um ourives lhe garantiu que ele estava rico. Mas o homem passou o dia agitado e à noite não conseguiu dormir. Na manhã seguinte, retornou ao bosque, à procura do peregrino e lhe disse:

– Eu vim devolver a pedra preciosa que lhe possibilitou abrir mão de um tesouro com tanta facilidade.

Para a maioria, a felicidade consiste em ter muitos bens materiais. O valor da pessoa é medido pelo seu contracheque e com ele, a possibilidade de adquirir o necessário e o supérfluo. São considerados excluídos aqueles que não participam da ciranda do consumo descartável. Mas é duvidoso que o dinheiro faça alguém feliz. É bom lembrar que mesmo tendo dinheiro, as pessoas nunca estão satisfeitas e sempre querem mais e mais. E para conseguir o que querem, empregam todos os meios, lícitos ou ilícitos.

Mas, felizmente, existe outra mentalidade, simbolizada pelo peregrino da nossa parábola: a nossa verdadeira riqueza está naquilo que somos e doamos. São Francisco de Assis, que via cada criatura como um irmão e uma irmã, já ensinava que é melhor dar do que receber. E ele conseguiu ir além: doou a si mesmo. Dessa forma, colocou em prática os ensinamentos do Evangelho, que nos mostra o caminho para amar e servir ao nosso próximo.

O apóstolo João lembra, em seu Evangelho, que a Eucaristia deve ser precedida pela cerimônia do lava-pés, isto é, pelo serviço. Jesus deu sua vida pela humanidade, nos ensinando a amar e privilegiando cada um de nós.

O poeta indiano Rabindranath Tagore caminha nesta direção, quando afirma: "Sonhei que a vida era apenas alegria, despertei e vi que a vida é serviço. Servi e descobri que o serviço é alegria".

Para você, o que é o maior tesouro?

Qual o significado da cerimônia do lava-pés?

Não aceite a derrota

Um grande evento esportivo reuniu centenas de jovens, que esperavam ansiosamente pela prova final: uma corrida de 600 metros. Afinal, todos queriam ganhar ou, pelo menos, ficar entre os primeiros. Ganhar e ser visto como herói era o sonho de cada jovem e também de seus pais.

Dado o sinal de partida, um jovem destacou-se pela velocidade. Saber que seu pai estava ali, observando-o, o fazia correr ainda mais, como se tivesse asas em seus pés. E assim, logo assumiu a dianteira. Mas, um pequeno acidente na pista mudou tudo. O jovem caiu, perdeu a liderança e teve de suportar a vaia dos torcedores. Ia retirar-se da corrida quando viu o rosto sorridente do pai, estimulando-o a continuar. Num momento, refez sua determinação e retomou a corrida. Em breve a distância diminui e ele estava muito perto de recuperar a liderança. E pela segunda vez, a fatalidade fez o jovem cair.

"Levante-se, encontre suas forças e ganhe a corrida!", leu o jovem no olhar de seu pai. E reunindo todas suas energias, voltou a correr. Faltavam 50 metros e ele calculou que ainda poderia vencer. Porém, a exaustão o fez cair. Parecia que aquele, realmente, não era o seu dia! Mesmo à distância viu o pai, que continuava a incentivá-lo. O jovem então levantou, quase sem poder, e correu até o fim.

Bem, ele chegou em último lugar, mas, para seu espanto, foi aclamado por todos quando cruzou a linha de chegada. Em seguida, foi abraçado pelo pai, que lhe disse:

– Estou orgulhoso de você! Para mim, você é o vencedor!

A vida é uma grande corrida, onde obstáculos e tropeços são comuns. Muitos se conformam com o insucesso, mas outros preferem recomeçar, dobrar o esforço e chegar até o fim. A história não guarda o nome dos que desistem, mas consagra os que lutam até o final: Walt Disney, o desenhista, faliu duas vezes antes de construir a Disneylândia; Albert Einstein, gênio da física, só começou a falar aos quatro anos, foi considerado mentalmente atrasado e até foi expulso do colégio; Giuseppe Verdi, antes de ser compositor, foi reprovado num exame musical.

Hoje não lembramos seus fracassos – e poucos sabem que existiram. São lembrados pela êxito que alcançaram. Lembre-se: a grandeza não está no fato de não cair, mas no gesto de levantar. O fracasso é a oportunidade de recomeçar com mais experiência. O próprio Deus não considera nossos possíveis fracassos, mas, sim, a capacidade que temos de continuar. A dignidade da pessoa não está em chegar em primeiro lugar, mas na capacidade de recomeçar e chegar até o fim.

Para você, o que é o fracasso?

Você concorda com a frase: "A história ignora os que desistem"?

As cartas do pai

Ele sempre foi um filho independente e rebelde. Ao atingir a maioridade, saiu da casa dos pais, sem ao menos comunicar para onde iria. Com paciência, o pai acabou conseguindo seu novo endereço e, regularmente, enviava a ele cartas com mensagens bastante sensatas. Elas falavam sobre o segredo da felicidade e, com ternura, convidava-o a retornar à casa paterna. Mas o rapaz continuava firme no seu propósito e jamais respondeu uma carta.

Até que um dia, uma triste notícia chegou: o jovem havia morrido em circunstâncias suspeitas e fora sepultado como indigente. Na tentativa de descobrir qualquer pista, o pai dirigiu-se à cidade onde o filho vivia. O quarto onde ele tinha morado nos últimos anos de sua vida guardava vários objetos. E sobre uma mesa empoeirada, as cartas enviadas pelo pai. Apenas algumas delas haviam sido abertas, e talvez tivessem sido lidas.

Esta história pode ser lida na dimensão pessoal, mas pode também retratar o percurso da humanidade. Deus, que é Pai, tem como objetivo a felicidade de seus filhos e filhas. Muitos deles seguiram os conselhos paternos, mas houve também filhos pródigos, que tentaram ser felizes a seu modo. Alguns retornaram à casa do Pai, outros não. Perderam-se no país da fome e da solidão.

As cartas do Pai são muitas. As mais facilmente legíveis estão na Bíblia Sagrada e trazem todo tipo de conselhos, abrangendo todas as áreas da vida e do comportamento humano. São cartas que nos sinalizam o caminho da felicidade e da sabedoria. Mas o Pai fala também por outras maneiras. São os "sinais dos tempos" que, através dos acontecimentos, sinalizam a sua vontade.

Os Dez Mandamentos, síntese do projeto divino, têm como objetivo a felicidade do homem. Só que o homem quer ser feliz do seu jeito e as suas tentativas desastradas parecem nada ensinar. As consequências dessas atitudes são perceptíveis nos campos individual e no global, nos acontecimentos que fazem a história dos seres humanos. E por isso, a espécie humana, que não aceitou viver a lei do amor, é obrigada a viver a lei do temor.

É bom lembrar que as cartas enviadas pelo Pai continuam conosco. Talvez ainda fechadas, ou lidas e não entendidas. Ainda temos tempo. O amor do Pai nunca volta atrás. Mas para se fazer presente na vida de cada um, esse amor depende da acolhida dos filhos.

> *Você costuma ler diariamente as cartas do Pai?*
>
> *"Deus quer que seus filhos sejam felizes." O que você acha dessa afirmação?*

A figueira e o bambu

Fazia calor e a temperatura estava abafada. A tempestade chegou no meio da tarde, com ventos fortes, trovões e raios. O céu escureceu e uma chuva torrencial desabou. Durou apenas meia hora. Quando tudo serenou, foi possível ver os estragos. Chamou a atenção uma figueira imensa que desabara: galhos retorcidos, troncos partido e as raízes expostas. Mas ao seu lado, estava um bambu, aparentemente frágil, ainda de pé. A sua sobrevivência não era questão de sorte ou de azar. Algumas razões justificavam o fato de ele continuar ali, firme e forte.

O bambu teve a humildade para perceber as forças contrárias da natureza e curvou-se na hora da tempestade. As raízes profundas que ele tinha também o ajudaram a se sustentar na hora difícil. Outra razão? A vara de bambu não estava sozinha, mas cercada de outras varas, mostrando que a união fortaleceu a todas. A ausência de galhos também ajudou, pois a força do vento não encontrou resistências. E uma última razão: como o bambu é oco, ele trata de criar, a cada 30 ou 40 centímetros, alguns nós, como um mecanismo de segurança.

A tempestade nos mostrou o contraste: a figueira, que parecia forte, mostrou-se frágil, enquanto a aparente fragilidade do bambu enfrentou e sobreviveu às forças poderosas. A autossuficiência da figueira selvagem desabou, enquanto o bambu resistiu. A experiência do dia a dia revela como isso se repete com pessoas e instituições.

As razões que fizeram com que o bambu sobrevivesse à tempestade precisam ser levadas em conta na educação e na elaboração de um projeto pessoal de vida. O orgulho não leva a nada, mas a verdade nos torna livres. E sabendo de suas limitações, o bambu tratou de se adaptar à realidade, criando, num processo penoso e longo, raízes profundas (convicções) que pudessem resistir numa hora de crise. E quanto à união das varas, a sabedoria popular já nos ensina que "o povo unido jamais será vencido".

É a própria natureza nos ensinando a força das coisas aparentemente fracas. Uma persistente gota d'água acaba destruindo sólidas construções. Uma frágil raiz descobre uma brecha num muro. Uma nuvem de mosquitos leva ao desespero um enorme elefante. Uma pequena semente vence a noite, o frio, a terra, e se abre para a vida.

O mestre Jesus sempre esteve ao lado dos pequenos, pobres e pecadores. No entanto, teve palavras duras para os fariseus e doutores da lei, que se consideravam acima de tudo e de todos. Eles acabaram sendo confundidos, enquanto os outros, considerados excluídos, foram exaltados. Jesus nos explicou que "os últimos serão os primeiros, e os primeiros serão os últimos" (Mt 20,16).

Você percebeu os motivos que levaram o bambu a continuar em pé? Quais eram os seus métodos?

Porque Jesus não se agradava do comportamento das pessoas que se achavam autossuficientes?

O espelho mágico

Durante alguns séculos, na Idade Média, a Espanha foi dominada pelos árabes muçulmanos. Após a surpresa inicial, começou a chamada Reconquista. Os jovens cristãos eram incentivados a participar de torneios, para aumentarem a coragem e fortalecerem o vigor físico, preparando-se assim para lutar contra os mouros (muçulmanos). Surgiram daí episódios épicos e, o mais conhecido, talvez, seja do El Cid Campeador, que derrotou dezenas de príncipes árabes.

Com a finalidade de incentivar um jovem medroso, que não aceitava participar dos torneios, o pai lhe deu um espelho dourado. Explicou que era mágico: seu portador jamais seria derrotado em torneios ou mesmo em batalhas. A partir daí, a vida desse jovem modificou-se. Ele venceu todos os torneios, com incrível capacidade de manejar armas. Sua coragem e habilidade nos combates se tornaram lendárias.

Passados alguns anos, imaginando que isso não faria mal algum, um companheiro revelou a ele toda a verdade. O espelho era comum, não tinha nada de mágico. A valentia do jovem era mesmo uma qualidade pessoal. Imediatamente, a insegurança voltou e o guerreiro não mais participou de torneios e combates, recolhendo-se a uma vida sem sentido.

Essa história é clara ao nos mostrar que cada um de nós é portador de uma autoimagem, ou seja, se vê de determinada forma. Uma autoimagem fraca faz com que o seu portador se esconda e se anule. E porque não acredita em si mesmo, acaba fracassando. Mas isso não é definitivo e existe a possibilidade de reação. A pessoa, num momento qualquer, pode tomar as rédeas da própria vida.

Podemos comparar o medo à reação de um cachorro à nossa frente: na medida em que o tememos, ele se torna mais valente. Quando corremos, ele corre mais, mas quando paramos, ele também para e podemos afugentá-lo. E assim, em qualquer etapa da vida podemos mudar nosso comportamento e fazer um futuro diferente.

Para isso, felizmente, não dependemos de objetos mágicos, pois a autoconfiança, o valor e a própria magia estão dentro de nós. Não é o espelho que nos dá a certeza. É a maneira como olhamos a figura que está no espelho. Mas nem sempre nos valorizamos, porque nem sempre percebemos a real dimensão da nossa capacidade.

Não nos esqueçamos de que a fé, a certeza de um Deus que caminha conosco, nos possibilita enfrentar todas as batalhas da vida. Mas não é só a vitória que tem sabor. A nossa realização também está na luta. Combater o bom combate tem todo o significado e o sabor de vitória. É isso o que garante o espelho mágico que está dentro de nós.

Como você define o medo? E como o identifica dentro de si?

Pare e pense: como é a sua autoimagem? E a de seu grupo?

Aprendendo com os erros

Pescar era a paixão dos dois amigos. No começo do ano, fretaram um pequeno avião que os levou para a margem de um dos tantos rios amazônicos. Uma semana depois, o avião retornou para buscá-los. A pesca havia sido memorável: mais de 600 quilos! O piloto olhou os peixes e disse:

— Este avião não aguenta tanto peso e será preciso deixar a metade dos peixes.

Os pescadores reclamaram, afinal, o piloto do ano passado havia levado todo o pescado, que tinha praticamente o mesmo peso.

Constrangido, o piloto voltou atrás e carregou o avião com todo o peixe. O pequeno avião arremeteu, mas como o peso ultrapassava o limite de carga, não conseguiu ganhar altura, bateu na copa das árvores e caiu. Os tripulantes se feriram levemente. Passado o susto maior, um dos pescadores perguntou:

— Onde será que estamos?

O outro olhou para os lados e afirmou:

— No mesmo lugar onde caímos no ano passado.

A vida de cada um é um complicado jogo, que tem como base a experiência. A felicidade resulta da média de acertos, que deve superar a média de erros. A vida é a arte de aprender. E este aprendizado acontece aos poucos. Uma experiência malsucedida alerta: o caminho não é por aí! Já uma experiência bem-sucedida ilumina esse caminho, lembrando que as alternativas são muitas e as circunstâncias, diferentes.

A verdade é que não temos nem condições nem tempo de cometer todos os erros. E se formos espertos, vamos observar que, por isso, não é sensato repetir o mesmo erro por duas ou mais vezes. Em muitas ocasiões, a teimosia nos vence e pensamos: "Desta vez vai dar certo!". De qualquer forma, é importante planejar cuidadosamente, levando em conta toda as variáveis de êxito ou insucesso da nossa ação. E aqui vai outra dica: precisamos aprender também com os erros dos outros. É como o filósofo e tribuno romano Cícero afirmou: a história é a "mestra da vida" e nos ensina pelos acertos e pelos erros.

Por isso, é importante ter em mente que o nosso aprendizado acontece de duas maneiras: com as ações que deram certo e com aquelas que resultaram em fracasso.

Em sua sabedoria, o mestre Jesus nos fala da possibilidade de recomeçar em todas as situações. Recomeçar é começar de maneira diferente. Vale a pena mudar, mas mudar para melhor. A vida é tecida de reações causadas por nossas ações. Errar é humano, mas persistir, ou repetir o erro, depõe contra nossa condição de pessoas inteligentes.

Será que o erro nos pode ensinar alguma coisa? O quê?

Para você, qual é o pior dos erros?

A outra mulher

Eles estavam casados havia 21 anos e tinham três filhos. O marido, um empresário, vivia superocupado com uma série de atividades. Um dia, a esposa o surpreendeu:

– Eu sei que você tem outra mulher em sua vida e sei que a ama. A vida é curta e eu acho que você deveria ter mais tempo para estar com ela e dar-lhe mais atenção.

– Mas eu amo você – protestou o esposo.

Ela concordou:

– Sim, querido, eu sei. Mas também sei que você ama a outra e por isso, deve dedicar mais de seu tempo a ela.

A outra mulher que a esposa admitia existir era a mãe de seu marido, viúva há treze anos. O estilo de vida do empresário, que tinha mil tarefas a cumprir, impedia-o de estar mais tempo ao lado da mãe. As visitas eram ocasionais e sempre apressadas. Ele ouviu o conselho da esposa e convidou a mãe para jantar e ir ao cinema.

– O que você tem? – perguntou a mãe, ansiosa. – Você está bem?

Para ela, um convite daquele só poderia ser motivado por um problema muito sério. Ele a tranquilizou:

– Não, mãe. É apenas um convite para estarmos juntos, só nós dois.

– Ah, bom. Então, fico muito feliz por isso! – comemorou a mãe.

E a grande noite chegou. Os dois estavam um pouco nervosos, como se fosse o primeiro encontro. A senhora usava seu melhor vestido e os cabelos estavam caprichosamente penteados. Foi mesmo um jantar agradável, com muita conversa para colocar em dia, olhando um nos olhos do outro, descobrindo tantas histórias bonitas. Tanto é verdade que acabaram perdendo o horário do filme. Mas isso não teve importância, pois ela ficou realmente muito feliz.

Ele a deixou em casa e, brincando, a mãe lembrou que, da próxima vez, pagaria o jantar. Só que não houve próxima vez. Uma semana depois, a boa senhora morreu em consequência de um infarto fulminante. Dias depois, o restaurante onde estiveram encaminhou ao seu filho uma correspondência. Dentro, um cheque e um bilhete escrito pela mãe: "Paguei adiantado o jantar que combinamos. Provavelmente, eu não estarei mais aqui, mas quero que você e sua esposa venham jantar neste local. Você não imagina o que aquela noite significou para mim".

Aquele jantar modificou uma vida e uma família. Essa história nos ensina que é importante reservarmos um tempo para sermos felizes, fazermos coisas que achamos importantes e nos dão prazer. Um tempo para

30

ler um livro, fazer uma viagem, estar com pessoas maravilhosas que a vida colocou ao nosso lado.

Reserve seu tempo, sobretudo para sua família. Reserve seu tempo para Deus, não como obrigação, mas buscando paz e sentido para a vida.

É possível amar duas ou mais pessoas ao mesmo tempo?

Você costuma usar a frase: "Não tenho tempo?". Já parou para pensar o que ela significa?

O paraíso perdido

Ela era filha única. Cresceu rodeada de muito carinho dos pais, numa pequena aldeia, à margem de uma ferrovia. Nada lhe faltou. Tinha ternura, diálogo, presentes... Veio a adolescência e começaram a surgir desentendimentos, que foram se aprofundando. Um dia, o mundo desabou quando os pais encontraram um bilhete sobre a mesa: "Gostaria que vocês não me procurassem. Por favor, me esqueçam! Decidi ser feliz". E junto com a filha, lá se foi a alegria daquele lar.

A moça ficou anos sem informar seu endereço e sem escrever uma única linha. Mas aos poucos, as ilusões que tinha foram se desfazendo e surgiu uma ponta de saudade de casa. Ela continuou firme, até que a saudade cresceu tanto que não resistiu e escreveu um bilhete para os pais: "Papai e mamãe, vocês se lembram de quando o trem se aproximava da estação e eu pulava dele na hora em que subia a curva, ao lado de nossa casa? Bem, não sei se estão vivos ou se haverá perdão para mim... Mas, por favor, se me aceitam novamente em casa, amarrem um pano branco em um dos galhos da velha pereira, ao lado de casa. Assim eu poderei saber, da janela do trem, se me perdoaram".

Na véspera do Natal, a jovem tomou o trem de volta. Ao longo da viagem rememorou sua vida e seus erros.

Os pais teriam recebido a carta, estariam vivos e dispostos a perdoá-la? Caso não houvesse um pano branco na pereira, ela continuaria seu caminho sem rumo e sem sentido. O coração batia cada vez mais forte. E na última curva, antes da estação, ela poderia ver direitinho a casa dos pais. Será que a pereira ainda existia?

Sim. A pereira ainda existia. E em seus galhos, não um pano branco, mas centenas de panos brancos, acenando para seu retorno. Ela pulou e, pouco depois, caiu nos braços de seus pais. E as lágrimas de todos misturaram-se, purificando o passado. Havia sim, lugar para ela no coração dos pais. E em casa, uma mesa com toalha branca, preparada para uma inesquecível festa. O lugar da filha ainda estava reservado e o paraíso havia sido reencontrado.

Esta é uma versão moderna da parábola contada por Jesus (Lc 15,11-32), envolvendo um filho pródigo e um pai amoroso. É a promessa maravilhosa de Deus, que sempre perdoa e nunca se cansa da humanidade. Ele aguarda ansiosamente seus filhos e prepara, para cada um, a festa da felicidade.

Você concorda com a atitude de alguém que diz: "Não preciso de ninguém"?

Faças as contas: até quantas vezes Deus perdoa seus filhos?

O tempo resolve

Conhecido pela sua capacidade de resolver os problemas e, ao mesmo tempo, manter a serenidade, um empresário revelou seu modo de agir. Em sua mesa de trabalho existiam três gavetas e cada uma delas trazia uma indicação sobre a maneira de resolver os diferentes problemas. Na primeira gaveta, estava escrito: "Resolver em tempo"; na segunda: "Resolver com tempo" e, finalmente, na terceira, "O tempo resolve".

Resolver em tempo. A maioria de nossos problemas exige uma ação imediata. A pessoa precisa arregaçar as mangas e ir à luta. Se as decisões são adiadas, o problema pode crescer ainda mais. A pessoa sofre, dorme mal e quase sempre imagina que o problema seja bem maior do que realmente é. É como o caso daquela senhora que tinha medo do dentista. Toda semana ela marcava um horário, que era desmarcado sempre na véspera. A cárie aumentava e o dente doía cada vez mais.

Resolver com tempo. Há pessoas impulsivas, que preferem resolver o problema imediatamente, sem antes refletir sobre ele. Por isso, sempre o fazem de maneira equivocada. A sabedoria popular garante que, pelo menos algumas vezes, temos de "dormir sobre o problema", ou seja, deixar para o dia seguinte, pensar mais sobre as consequências de determinadas decisões e até pedir a opinião de pessoas com mais experiência no assunto para ajudar-nos a resolvê-lo de forma correta. Muitas decisões apressadas não resolvem nada e, ao contrário, geram novos problemas. O tempo, muitas vezes, ilumina as decisões a serem tomadas.

O tempo resolve. Mais uma vez, a sabedoria popular nos ajuda: "O que não tem remédio, remediado está". Há situações com as quais precisamos aprender a conviver. Muitas delas só serão resolvidas com o passar do tempo. Enquanto a solução não chega, precisamos cultivar a paz dentro das circunstâncias existentes. É verdade que tudo o que ajuda a resolver um problema deve ser feito, mas nem sempre isso está ao nosso alcance, da forma como queremos e no prazo que queremos. Essa resolução depende só do tempo.

É preciso distinguir em qual das gavetas colocamos nossos problemas. O fruto pode ser colhido verde, antes da hora, como também pode apodrecer por não ser colhido na hora certa. E é preciso ainda dar tempo à árvore para ela frutificar.

Os romanos tinham uma divindade que chamavam de Occasio, isto é, Ocasião. Trata-se do momento certo, nem antes nem depois. Nem a pressa nem a excessiva demora ajudam. A solução costuma ser a errada quando isso não é observado.

E para o discípulo de Jesus, o conteúdo das três gavetas deve ser colocado em prece. Através da oração humilde e da invocação do Espírito Santo, devemos pedir luzes para tomar a solução certa ou esperar o momento oportuno.

> *Como você costuma enfrentar seus problemas?*
>
> *Para você, qual é a ocasião certa?*

A sabedoria do perdão

Recolhida num presídio feminino de São Paulo, uma jovem, assassina confessa de seus pais, recebia a cada dia dezenas de cartas. Sua advogada, prudentemente, fazia uma triagem e assim evitava as mais desaforadas. A maioria das cartas trazia mensagens de rancor contra a jovem, afirmando que seu crime não merecia perdão. Contrariando o sentimento das cartas, seu irmão declarou: "Não só perdoei minha irmã, mas continuo a amá-la. É neste momento que ela mais precisa de mim".

Perdoar ou não perdoar? Eis a questão. Os gregos, o povo mais sábio da Antiguidade, garantiam que a vingança era o prazer mais refinado que uma pessoa poderia experimentar. Ver o inimigo abatido e humilhado, significava, para eles, a suprema realização.

Os gregos deixaram discípulos, e a vingança se manifesta de mil maneiras. Vai desde o fino sorriso de ironia até a agressão física, ou mesmo a destruição do inimigo. A vingança, em seu dinamismo, pode ser comparada ao ódio, que chega a ficar oculto durante anos para depois explodir.

Já o ensinamento de Jesus sobre o perdão vem respaldado pela Ciência. Perdoar faz bem à alma e ao corpo, concluem médicos e psicólogos. José Roberto Leite, psicólogo que atua na Unidade de Medicina Comportamental da Unifesp (Universidade Federal de São Paulo), aponta nada menos de treze doenças ocasionadas ou acentuadas pela falta de perdão: dor de cabeça, dores musculares, fibromialgia, gastrites e úlceras, problemas cardiovasculares, irritação intestinal, lapsos de memória, urticária, queda na imunidade, alergias, asmas e vertigens.

Perdoar, além de um ato de generosidade, é um gesto de sabedoria. Perdoar os outros é querer bem a si mesmo. Perdoar não é esquecer, mas assinar um tratado de paz com o passado. Mesmo porque a ofensa foi ontem. É inteligente viver o hoje.

Para os gregos, qual era o supremo prazer? Por quê?

Qual a importância de aprendermos a perdoar?

Olhe para a frente

$\mathcal{D}$otado de uma inteligência acima da média e uma vontade enérgica, ele tinha tudo para vencer na vida. Mas os fatos estavam contra ele. Aos 31 anos, viu seu pequeno estabelecimento comercial ir à falência. No ano seguinte, tentou a carreira política como deputado, mas foi derrotado. Um ano depois aconteceu uma tragédia familiar: a morte da esposa. Por alguns anos, a apatia apoderou-se dele, até que aos 46 anos, encorajado, disputou a eleição para a prefeitura de sua cidade. Perdeu. Mas, aos 52 anos, em 1861, foi eleito para presidente dos Estados Unidos. Seu nome: Abraham Lincoln.

Hoje ninguém se lembra das adversidades pelas quais Lincoln passou. Ele é lembrado como um dos maiores estadistas da história norte-americana e mundial. Na Guerra da Secessão, entre 1861 e 1865, evitou a divisão do país e ainda liderou a libertação dos escravos.

O exemplo de Lincoln nos mostra que a vida não é aquela que sonhamos, mas aquela que acontece de verdade. Ela tem luzes e sombras, sucessos e fracassos, alegrias e tristezas. A vida não é feita de sonhos, mas daquilo que fazemos quando nossos sonhos não dão certo. E, por isso, ela deve ser vista no seu conjunto. Ninguém vai comer algumas colheradas de fermento, nem engolir dois tabletes de manteiga ou duas xícaras de farinha. Mas é com esses ingredientes que se faz um bolo.

Uma história conta que um empresário, sem motivação para viver em virtude da morte de um filho, isolou-se do mundo. Um dia, um amigo levou-o para o ponto mais alto da cidade e comentou: "Ali vivem dezenas de milhares de pessoas, todas elas têm alegrias, tristezas, problemas e desafios. Você não é a única pessoa que enfrenta um momento difícil. Olhe para a frente. Você tem muito ainda a fazer e tem muitas razões para viver".

Todos conhecemos a utilidade do espelho retrovisor. Precisamos dele, de vez em quando. Mas o bom motorista olha, sobretudo, para a frente. O passado é sempre uma referência útil, mas não a única. Um sacerdote morreu de repente, aos 81 anos. Em seu bolso estava uma frase escrita do próprio punho: "A melhor parte da vida é aquela que está pela frente. O passado não é mais nosso, o futuro está nas mãos de Deus; nosso, inteiramente nosso, é o presente. O tempo é um presente de Deus".

Hoje é o primeiro dia do resto de nossas vidas. Hoje traz a possibilidade de recomeçar, a partir do ponto onde estamos, seja ele qual for. Que o diga Abraham Lincoln.

Qual foi a maior virtude de Abraham Lincoln?

Por que devemos apostar no presente e não viver no passado?

O último lugar

O sábado seria um dia importante na escola, pois seriam escolhidas as crianças que interpretariam os personagens para uma apresentação teatral: reis, rainhas, fadas, guerreiros e os homens do povo. Valéria, uma garotinha de 9 anos, naturalmente, desejava ser a rainha. A mãe estava preocupada com uma possível decepção da filha e ficou mais ainda, quando soube que o papel de rainha não seria mesmo de Valéria. Então, se preparou para consolar a filha. Diria a ela: "Isso não tem importância. Com certeza vai haver outras apresentações na escola". Mas não foi preciso. Valéria, com os olhos brilhantes, contou:

– Você não vai acreditar, mamãe. Fui escolhida para bater palmas e animar a plateia.

Débora, 7 anos, pediu para ir ao velório do avô de uma colega. A mãe acabou permitindo. Ao regressar, quis saber como a filha havia se comportado no velório e o que havia dito. E ela respondeu:

– Nada, mamãe. Sentei no sofá ao lado de minha amiga e a ajudei a chorar.

Nossa civilização é marcada pela importância que dá às coisas que julga excepcionais. Os meios de comunicação só valorizam o homem mais rico, a mulher mais bonita, o CD mais vendido, o gol mais bonito, o casamento de uma celebridade, que pode durar vinte dias, ou o jovem que comeu o maior número de sanduíches. A rotina, a fidelidade, o trabalho parecem não contar. O erro de um só padre parece comprometer os 400 mil padres do mundo. Uma mãe que maltrata o filho esconde o amor incondicional de todas as outras mães.

Jesus nos ensina a escolher o último lugar. Isso não significa desprezo pelas boas coisas da vida. Significa servir e dar prioridade ao outro. Na escola franciscana, um dos dogmas é: "O irmão é sempre maior do que eu". É ainda São Francisco de Assis que vê o outro como "o irmão que Deus me envia".

A felicidade e a realização não dependem dos grandes papéis desempenhados na vida. A alma humana é grande demais para ser preenchida com realidades terrenas. A realização acontece no serviço, na capacidade de aplaudir o bem, de ajudar a chorar ou ajudar a rir, como ensina o Apóstolo Paulo.

> *Segundo Jesus, qual é o melhor lugar para estarmos? Por quê?*
>
> *Qual foi o exemplo que São Francisco de Assis nos deixou ao se relacionar com o próximo?*

A esperteza do mal

Em data previamente marcada, reuniu-se a Conferência Mundial dos Demônios. Na agenda, o planejamento estratégico para os próximos dez anos. O tema estava sendo estudado há algum tempo. Tomando a palavra, Lúcifer, o chefe, observou:

– Não podemos impedir os cristãos de ir à igreja, nem podemos impedir que leiam a Bíblia ou batizem os filhos. Mas, uma onda de religiosidade varre o mundo e se não dermos um basta, em breve estaremos quebrados.

Em seguida, explanou um ambicioso plano:

– Vamos deixá-los ir à igreja, ler a Bíblia, batizar os filhos, frequentar almoços beneficentes, ajudar obras assistenciais... mas vamos roubar-lhes o tempo. E para isso, devemos encher a vida deles de tantas atividades até que não tenham mais tempo para Deus ou para as coisas de Deus. Façam isso. Ocupem todos os espaços do tempo deles, cultivem neles a ambição ilimitada por bens e riquezas, para que adotem um estilo de vida que jamais será saciado. É preciso ainda incentivá-los a ter pressa, a concorrerem entre si e o gostar de muito ruído, para que desviem a atenção do que é realmente importante. Para isso, é bom semear nas casas o gosto pela novidade, com muito conteúdo superficial, que os deixem confusos.

O diabo continuou:

– É interessante ainda difundir a preocupação com a forma física, para que eles sigam os modelos da moda e sacrifiquem a saúde em nome de uma estética rigorosa e incansável. Para datas especiais, como o Natal e Páscoa, precisamos incentivá-los a cultuar Papai Noel e o coelhinho da Páscoa, para que sintam uma necessidade ilimitada de dar e receber presentes. E, assim, vamos encher a vida deles de tantas coisas que, simplesmente, não haverá lugar para Deus.

Uma grande salva de palmas saudou a proposta de Lúcifer. Ninguém na plateia duvidava de que o plano teria muito sucesso.

No passado, existia muita preocupação com o ateísmo, a explícita negação de Deus. Hoje os ateus são poucos. As pessoas até acreditam em Deus, mas vivem como se ele não existisse. Na escala de valores, no lugar de Deus, as pessoas colocam o dinheiro, o bem-estar e a preocupação com as coisas materiais.

Ora, se Deus é mesmo importante para nós, devemos ser capazes de dedicar um tempo razoável para ele, que terá um espaço nobre de nosso dia. Se for realmente importante para nós, comecemos hoje mesmo. E deixemos pra lá o diabo e seu planejamento estratégico.

> *Qual é o grande pecado do nosso tempo?*
>
> *Na hierarquia dos valores que temos em nossa vida, o que colocamos em primeiro lugar?*

O exemplo do pai

Numa tarde quente de feriado, o pai levou seus dois filhos, de 7 e 5 anos, ao circo. Era uma recompensa pelo bom desempenho escolar. Ao chegar lá, foi preciso enfrentar uma longa fila e, na bilheteria, a informação: a entrada era cinco reais e para crianças com menos de 6 anos, era gratuita. Então, o pai pagou 10 reais. Foi aí que o funcionário comentou, disfarçadamente, com o pai:

– Você poderia ter economizado cinco reais. Eu nunca poderia saber se o garoto tem mais ou menos de seis anos.

Com serena sabedoria, o pai explicou:

– O senhor poderia não saber, mas eu saberia e os garotos também.

Os psicólogos e educadores falam dos chamados "comandos iniciais", que são as atitudes, as palavras e os exemplos dos pais nos primeiros anos de vida da criança. Para elas, os pais sabem tudo e são autoridade absoluta. Por isso, gravam suas atitudes como exemplos que podem perdurar pela vida toda. Tais comandos têm um papel fundamental na formação da personalidade dos pequenos. Por exemplo, uma criança que recebe elogios dos pais cresce em todos os sentidos, porém, aquela que é desprezada, e que ouve frases como "você é um inútil", terá uma baixa autoestima.

Há pais que incentivam os filhos no caminho errado e os ensinam a não levar desaforos para casa: "Se um colega te ofendeu na escola, amanhã acerte um soco nele". Alguns anos mais tarde, o filho morre assassinado, vítima de seu próprio sentimento de vingança.

Quando os pais aconselham o filho a roubar uma fruta ou um chocolate, estão conduzindo-o pelo caminho do crime. E quando a criança impõe sua vontade e os pais a satisfazem, ela entenderá que todas as pessoas devem se sujeitar a seus caprichos.

A história que contamos ensina muito sobre os exemplos que damos às crianças. O bilheteiro nunca saberia a idade do menino e, por isso, poderia facilmente ser ludibriado. No entanto, o pai teria consciência que estaria fazendo algo errado. E pior ainda: os filhos saberiam que o pai mentira e enganara uma pessoa. E não veriam mal nenhum em, amanhã ou depois, fazer a mesma coisa.

O Brasil enfrenta uma grave crise ética e certamente a educação dada pelos pais tem a sua parte de responsabilidade. Diariamente, vemos altas figuras do mundo político e empresarial apelando para a corrupção. Por outro lado, em São Paulo, um motorista de táxi entregou numa delegacia uma pasta com 35 mil dólares, que um passageiro esqueceu em seu carro. Certamente isto tem a ver com os exemplos que estas pessoas aprenderam de seus pais, para o bem ou para o mal.

Qual o primeiro valor importante que devemos passar aos filhos no campo de educação?

O que você entende por "comandos iniciais"?

Sim, eu posso!

Algumas crianças estavam olhando o velho jardineiro João, recolhendo folhas amareladas, que insistiam em cair do alto das árvores e se espalhar pelo jardim, que era muito grande.

– Já pensou se, só com o seu desejo, fosse possível reunir todas as folhas num mesmo cantinho? – perguntou uma menina ao jardineiro.

– Mas eu posso fazer isso – respondeu ele. E com voz de comando, ordenou: – Folhas, juntem-se todas! – Sorrindo para as crianças, completou: – Bem, agora é só dar tempo ao tempo. Voltem no fim da tarde para ver o que vai acontecer.

E o jardineiro continuou seu trabalho, recolhendo folha por folha.

"Se você quiser atravessar uma parede de concreto, vai conseguir!", afirmou um palestrante. E diante do espanto do público, explicou: "Desde que, pacientemente, abra uma porta". Na vida há causas e consequências. Se quisermos uma colheita precisamos colocar a semente na terra. Podemos até escolher livremente o tipo de semente, mas seremos obrigados a colher aquilo que semeamos.

É importante estabelecer prioridades na vida. Escolher um caminho é renunciar aos demais. Não podemos percorrer, ao mesmo tempo, dois caminhos. Por outro lado, ficar eternamente na encruzilhada, sem saber por onde ir é sinal de imaturidade A vida é curta e quando não escolhemos, o tempo escolhe por nós. Quando nada semeamos, nada colhemos.

Lembre-se: uma longa distância é percorrida com milhares de passos, um poema é feito com uma infinidade de letras, o mar é formado de pequenas gotas, assim como minúsculos grãos de areia formam o imenso deserto do Saara.

Deus nos deu inteligência para escolher nossas metas e vontade para realizá-las. É isso que faz com que os milagres na vida de cada um se realizem. Porém, nosso objetivo não pode ser apenas o sucesso. A consciência de ter escolhido bem e de ter empregado todos os esforços para o bem é a maior recompensa possível.

No fim do último dia, como o jardineiro, poderemos olhar com satisfação aquilo que realizamos. Tudo estará ordenado e será fruto da perseverança. São Paulo alegrava-se: "Combati o bom combate, guardei a fé, resta-me agora receber a recompensa" (2Tm 4,7).

É possível atravessar uma parede de concreto? Como?

Que tipo de colheita estamos preparando para o nosso amanhã?

Este é o meu jeito

Certo dia, um escritor acompanhou um amigo até uma banca de revistas, onde ele costumava comprar seu jornal diariamente. Ao se aproximar, o amigo cumprimentou o jornaleiro, que lhe deu uma resposta bem grosseira. O rapaz pegou o jornal, pagou, sorriu e agradeceu ao jornaleiro, desejando-lhe um bom dia.

Quando caminhavam pela rua, o escritor perguntou ao amigo:

– Ele sempre age assim, com tanta grosseria?

– Sim. Infelizmente é sempre assim.

– E você continua tratando-o com delicadeza?

– Sim, respondeu o amigo.

– E por que você é educado, se ele o trata tão friamente?

– Ora, porque não quero que ele decida como eu devo ser.

E você? Como costuma comportar-se diante de pessoas rudes e mal-educadas?

Se reprovamos a falta de respeito e de educação nos outros, temos a obrigação de agir de forma diferente, ou então vamos ser iguais a eles, e aí, não podemos reclamar de nada. E, se tivermos autonomia de nos comportar educadamente, sem sermos espelhos de pessoas mal-humoradas, devemos ter, igualmente, a grandeza de alma para desculpar a indelicadeza alheia.

Nossa forma de agir não deve depender do jeito como somos tratados. Se assim o fizermos, jamais teremos autonomia e liberdade moral para conduzir a nós mesmos. Se as pessoas nos tratam com aspereza ou falta de educação, estão mostrando o que têm para oferecer e o que são. Mas nós não precisamos agir da mesma forma, se temos outra face mais serena para revelar.

Sempre que nos deparamos com atitudes grosseiras, podemos concluir que elas podem ser reação a uma ação nossa, e neste caso, o problema está em nós e precisamos melhorar. Ou, ou então, tais atitudes fazem parte do comportamento da outra pessoa, e neste caso, ela é quem precisa melhorar.

Pense nisso e sempre procure tratar seu semelhante com delicadeza e bondade, assim como você gostaria de ser tratado. Um sorriso sempre faz bem!

Como você se porta diante de pessoas mal-educadas?

Você reflete sobre onde está o problema: nos outros ou em você mesmo?

Viciados em TV

Para estimular um casal de orangotangos, Monika e Rabu, a cuidar melhor dos seus filhotes, a administração do zoológico de São Petersburgo, na Rússia, teve uma ideia original. Colocaram Rabu diante de um aparelho de TV, em que eram exibidos vídeos mostrando macacos cuidando bem de suas crias. Surpresa: Rabu ficou tão vidrado na TV que não saía mais da frente dela, mesmo quando desligada. Além de não cuidar do filhote, Rabu deixou de dar atenção a Monika. O diretor do zoológico, Ivan Korneyev, chegou a uma decisão: tirar a TV, pois, com ela, era impossível manter a união na família dos macacos.

O fato, divulgado pelas agências de notícias, tem muito a ver com aquilo que acontece em nossos lares. A televisão é um brinquedo recente. O primeiro programa, em caráter experimental, foi ao ar em 1929, na Inglaterra. No Brasil a televisão estreou no dia 18 de setembro de 1950, com a TV Tupi de São Paulo. Na inauguração, Hebe Camargo estava escalada para cantar o Hino. Um resfriado tirou a cantora do programa, que foi substituída por Lolita Rodrigues.

Os empresários que investiram neste meio de comunicação, a TV, tiveram sonhos generosos. Imaginavam uma universidade entrando nos lares e que ela seria uma forma de manter a família unida e informada. A prática, porém, mostrou o contrário. A TV trouxe cultura, mas também a violência, o erotismo e a alienação. Basta citar as novelas, artisticamente muito bem elaboradas, mas destituídas de moralidade. Em vez de uma janela para o mundo, a TV tornou-se um muro. Em vez de unir a família, instalou o individualismo.

O diálogo familiar foi rudemente afetado. Hoje, só a TV fala e só ela é importante. A novela, o filme ou o futebol têm prioridade sobre a convivência, a educação dos filhos e o diálogo. Os horários familiares são determinados a partir da programação da TV. Na sala, o aparelho de TV ocupa a posição central, de destaque. Na maioria dos lares, um aparelho só passou a ser insuficiente. Cada membro da família exige o seu. Em cada quarto, uma TV.

Criou-se até a figura do teledependente: o viciado em televisão. A TV tornou-se uma droga. E nas famílias, muitas vezes, se repete o acontecido no zoológico de São Petersburgo: os filhos são abandonados e o relacionamento familiar se deteriora. A TV é um maravilhoso instrumento de comunicação e entretenimento, mas deve ser mantido sob controle. Há nela trigo e joio, e os pais devem mostrar aos filhos que nem tudo o que ela transmite é verdadeiro e certo.

Monika e Rabu: que tipo de pessoas eles representam?

Quais as mais perigosas drogas do nosso tempo?

Excesso de bagagem

Um viajante perdeu-se numa área rural e, depois de muito andar, bateu à porta de uma casa, pedindo pousada. Era uma choupana pequena, pobre, mas limpa e bem cuidada. O dono da casa morava sozinho. Quando anoiteceu, algumas achas de lenha mantiveram aceso o fogão de barro. A luz difusa iluminava o ambiente e o fogo cozinhava numa panela uma saborosa sopa de legumes. O morador solitário, aos poucos, se revelava uma pessoa madura e sábia. Além do fogão, existia na casa uma cama, uma pequena mesa e duas cadeiras.

Sem disfarçar sua incredulidade, o viajante perguntou ao homem se ele vivia mesmo ali. O dono da casa respondeu que sim, esclarecendo que não precisava de mais nada para viver. E emendou uma pergunta:

– E vejo que você também, meu amigo, traz poucas coisas em sua bagagem.

– É que estou só de passagem – respondeu sorrindo o viajante –, por isso, não carrego uma grande mala.

E com a mesma lógica, o morador solitário respondeu:

– Eu também. Estou só de passagem.

A vida é uma grande viagem e o excesso de bagagem atrapalha quem passa por seus caminhos. A viagem se torna mais difícil, sem contar que, muitas vezes, acontecem problemas na alfândega, que não permite tanta bagagem.

Por isso, há passageiros de avião que se contentam em viajar com a chamada "bagagem de mão".

Viajar com pouca bagagem foi a opção de vida de pessoas como Francisco de Assis, Madre Teresa de Calcutá e Mahatma Gandhi.

Hoje, vivemos o consumismo, um dos fenômenos mais chocantes da sociedade moderna. Existe na atualidade a classe dos consumidores compulsivos, quase sempre motivados a comprar por um sentimento de carência ou de inferioridade. A pessoa enche a casa de coisas, possivelmente para compensar o vazio de sua existência. A mais famosa colecionadora de sapatos do mundo, a ex-primeira dama das Filipinas, Imelda Marcos, não era uma centopeia e por isso nunca conseguiria usar todos os seus sapatos.

O Evangelho registra uma passagem que costuma gerar muita polêmica: como é difícil ao rico entrar no céu. "É mais fácil um camelo passar pelo buraco de uma agulha do que um rico entrar no Reino de Deus", disse Jesus (Mc 10,25). Neste sentido evangélico, ser rico é depender dos bens materiais. Mesmo carente destes bens materiais, a pessoa pode ter a mentalidade do rico e isso atrapalha a caminhada para Deus. Depois de ter abandonado tudo, Francisco de Assis rezava com júbilo: "Meus Deus e meu tudo!".

> *É fácil chegar ao Reino de Deus levando muita bagagem?*
>
> *Quantas coisas inúteis existem na sua casa e na sua vida?*

Minhas duas mães

Nascida numa família pobre, mas carinhosa, a pequena Isabel aprendeu a ternura dos pequenos gestos. Cresceu e se tornou uma dedicada professora. "Eu te amo assim como você é", era a frase que costumava dizer aos seus alunos, principalmente àqueles mais tristes e com algum tipo de problema.

Wilson, um menino rebelde, foi transferido para a sua classe, como última alternativa para evitar a expulsão da escola. Wilson ouvia sempre da professora Isabel o quanto era amado, mesmo sendo um garoto difícil. Aos poucos, a semente foi germinando e o menino rebelde começou a chamar a professora de mamãe.

Anos depois, Isabel foi convidada para a festa de formatura de Wilson no curso de Psicologia. Dizia o convite: "Espero que mamãe se lembre de mim! Eu era aquele moleque terrível que ia ser expulso da escola, quando você me acolheu e me deu uma oportunidade". E logo ela se lembrou do menino.

Na formatura, Wilson, o orador da turma, iniciou o discurso:

– Quero compartilhar a alegria deste dia com vocês e com minhas duas mães. Sim, eu tive o privilégio de ter duas mães, e hoje as duas estão aqui. A primeira mãe se chama Josefa. Ela me deu a vida e passou a juventude esfregando o chão e lavando roupa para que eu crescesse sadio e forte. Ela jamais fez qualquer coisa de que eu pudesse me envergonhar. A segunda mãe é Isabel, minha professora, a pessoa que me gerou para uma vida com sentido, alimentou meu coração e acreditou em mim. Sem ela eu teria me tornado, provavelmente, um malandro ou um desocupado, e só Deus sabe onde estaria hoje. Por isso, quero que ela ouça, diante de todos vocês, que eu a chamo de mamãe, não por brincadeira, mas porque assim a considero.

Todos aplaudiram o rapaz e suas duas mães.

Essa história nos lembra que toda criança tem duas chances de ser feliz. A primeira delas é no próprio lar, onde tem o direito de sonhar e é encaminhada para a vida. A outra chance é dada pela escola. Esta é ainda mais significativa quando a criança vem de um lar desfeito, onde é maltratada física e moralmente. Na escola, com professores dedicados, ela compreende que um mundo diferente é possível. É no lar e na escola onde acumulamos as provisões de amor e ternura que nos alimentarão por toda a vida.

O amor exigente é a única maneira de mudar uma pessoa. Um indivíduo chega a ser o que é pela educação que recebe ou pela falta dela. Quantas pessoas que hoje nos assustam com suas ações seriam pessoas equilibradas se tivessem encontrado uma verdadeira mãe ou uma verdadeira mestra que as educasse no caminho do bem? Educar é encaminhar alguém na direção da felicidade. É como uma pequena semente, que um dia produz grandes frutos.

> *Qual é a maior qualidade de uma mãe?*
>
> *Quais as duas chances que provavelmente ajudarão uma criança a ser mais feliz?*

Surpresas de Deus

Um monge, durante a oração, adormeceu. Sonhou que estava diante do céu e as portas se abriram, deixando-o entrar. Cheio de encantamento, o monge deu-se conta de três surpresas. A primeira delas: muitas pessoas que, no seu entender, não estariam no paraíso, lá estavarn. Uma segunda surpresa: pessoas que ele imaginava que iriam para o paraíso, realmente lá estavam, mas com menos glória e prestígio. E, por fim, a maior de todas as surpresas: ele também estava no céu.

Não julgar é uma das recomendações mais comum no Evangelho. Não julgar é um ato de sabedoria, pois quase nada sabemos dos outros. Julgamos pelas aparências e a partir de nossas próprias faltas. Na parábola do joio e do trigo (Mt 13,24-30), Jesus mostra a possibilidade do engano, ensinando que trigo e joio são muito parecidos. A diferença só pode ser notada na colheita.

Mas, ao contrário do que acontece numa colheita, a vida pode tomar outro rumo. Se o trigo jamais pode se tornar joio e o joio jamais pode se tornar trigo, na vida, as criaturas, redimidas por Deus, podem mudar a cada instante. Podem mudar até no último instante.

Um velho ferreiro, que amava profundamente a Deus, foi atingido por uma doença. Um amigo lhe perguntou:

– Como você pode confiar em Deus, se ele permite que você sofra tanto?

O ferreiro respondeu:

– Quando quero fazer uma ferramenta, busco no depósito um pedaço de ferro. Eu o passo pelo fogo e depois pela bigorna, o moldo e, só então, o transformo num objeto útil.

São Paulo afirma: "Sabemos que tudo contribui para o bem daqueles que amam a Deus" (Rm 8,28). Deus tudo faz para nossa felicidade, porém, muitas vezes, ela brota do sofrimento. E Deus não nos ama na medida em que achamos que devemos ser amados, mas sim na sua infinita medida. E, às vezes, quanto mais longe imaginamos estar, mais perto estamos.

À semelhança do monge, São Paulo teve uma visão do céu. Depois explicou: "O que Deus preparou para os que o amam é algo que os olhos jamais viram, nem os ouvidos ouviram, nem coração algum jamais pressentiu" (1Cor 2,9). Podemos definir o céu como as surpresas que Deus reserva para nós.

Por que não devemos julgar os demais?

Qual a diferença e a semelhança entre o trigo e o joio e a nossa vida?

Deixe Deus agir

Um homem rico e poderoso vivia cheio de preocupações. Embora tivesse tudo o que o mundo poderia lhe oferecer, ele não conseguia dormir, tinha a saúde prejudicada e, sobretudo, não se sentia feliz. Mas trabalhava cada vez mais. Num dos raros momentos de descontração, ficou alguns minutos conversando com seu jardineiro. Sabendo das preocupações do patrão, o jardineiro observou:

– Não é verdade que Deus conduzia o mundo antes mesmo que o senhor nascesse?

– Naturalmente – respondeu o patrão.

– Então, depois que o senhor partir, Deus vai continuar cuidando do mundo...

– Também é verdade – admitiu o patrão.

– Então – completou o jardineiro, – porque o senhor não deixa que ele conduza o mundo enquanto o senhor ainda está nele?

No dia a dia, encontramos dois caminhos a seguir no que diz respeito à nossa vida com Deus. Há os que exigem que Deus faça tudo sozinho e solicitam sua intervenção a cada momento. Chegam até a pedir que Deus determine os resultados de um jogo de futebol.

Outras pessoas abrem mão da sabedoria de Deus e pretendem salvar o mundo sozinhas. Elas trabalham demais e deixam de lado não só a intervenção de Deus, mas também a opinião dos outros que oferecem ajuda.

A salvação do mundo é obra de Deus. Mas ele não quer fazer isso sozinho e estabeleceu uma parceria conosco. Essa parceria é regida por normas muito claras: não podemos ocupar o lugar de Deus, mas também não podemos exigir que Deus faça aquilo que nós mesmos podemos fazer. O ideal é que, depois de fazermos tudo o que está ao nosso alcance, não deixemos de pedir a intervenção divina.

Sabemos que Deus é bom e inteligente. Porém, muitas vezes, em nossas preces, dizemos a ele o que fazer, caso seja inteligente como nós. Porém, em sua infinita sabedora, Deus quer a felicidade de seus filhos e filhas e sabe quais os caminhos que levam a ela. Os mandamentos de Deus têm este objetivo: orientar seus filhos e filhas a escolherem o caminho certo.

O bom senso aponta uma atitude prática em nossa relação com Deus. Devemos trabalhar como se tudo dependesse de nós, mas precisamos confiar em Deus, porque tudo depende de sua vontade. Temos o direito de pedir o pão, a paz, a saúde, a aprovação no exame final, desde que tenhamos feito a nossa parte. E nossa prece sempre deve ser temperada pela atitude de filhos e filhas: façamos a nossa parte, mas que a vontade do Pai seja feita.

O que temos direito de pedir a Deus?

Qual o objetivo dos Dez Mandamentos?

As três árvores

No alto de uma montanha, três árvores sonhavam com o futuro. A primeira disse:

– Eu quero ser o baú mais precioso do mundo, cheio de tesouros.

A segunda suspirou:

– Eu quero ser um grande navio, transportando reis e rainhas.

A terceira imaginou:

– E eu quero ficar aqui, no alto da montanha, e crescer tanto que, ao me admirarem, as pessoas olhem para o alto e pensem em Deus.

Os anos passaram e, um dia, um lenhador cortou as três árvores. A primeira acabou sendo transformada num cocho de animais, coberto de feno. A segunda virou um pequeno barco de pesca, transportando pessoas e peixes pelo lago. A última delas foi retalhada em grossas vigas e empilhada num depósito. Os sonhos haviam cedido lugar ao desencanto.

Mas, certa noite cheia de luzes, estrelas e melodias, uma jovem mulher colocou o seu bebê recém-nascido no cocho dos animais e os anjos anunciaram: "Glória a Deus nas alturas e paz na terra às pessoas de boa vontade" (Lc 2,14). A árvore entendeu que acolhia o maior Tesouro da terra.

Passaram-se alguns anos e a segunda árvore, transformada em barco, transportou um grupo de homens, entre os quais um que acabou dormindo em meio a uma perigosa tempestade que ameaçava levá-los ao naufrágio. Ele acordou, acalmou o mar e questionou a fé de seus companheiros. A segunda árvore entendeu que estava transportando o Rei do céu e da terra.

Tempos depois, numa sexta-feira de trevas, a terceira árvore se deu conta que duas de suas vigas haviam sido unidas em forma de cruz e, sobre ela, um homem foi pregado. A árvore sentiu-se profana e cruel. Mas no terceiro dia, o mundo vibrou de incontida alegria no Aleluia pascal. Então, a terceira árvore entendeu que, para sempre, a humanidade, olhando para ela, lembraria de Jesus Cristo, o Salvador.

Um pequeno cocho, cercado por dóceis animais e dentro dele um menino protegido por Maria e José. Esta é a cena mais bonita que a humanidade viu e lembra com infinita ternura. É o Natal. Mas não podemos esquecer que o Natal não termina ali. O menino cresceu, começou a missão e um dia morreu na cruz. Ressuscitado, ele enviou os discípulos a anunciar seu projeto a todos os povos, até o fim do mundo.

É possível aproximar o sonho da realidade?

A vontade de Deus deve ser amada ou temida?

A ocasião certa

Conhecido pela sua sabedoria, um monge vivia numa cabana, no alto da montanha. Não dispunha de nenhum conforto, mas vivia feliz. Um dia, foi visitado por um homem muito rico, cheio de diplomas, mas que não se sentia realizado. Espantado diante da pobreza e simplicidade do monge, quis saber qual o segredo de sua felicidade.

– É que eu entendi o significado das bananas – explicou o monge. E apontando para a sua tosca mesa, mostrou três bananas e cada uma delas tinha uma lição para dar.

Uma das bananas, madura demais, estava apodrecida:

– Esta representa uma vida que não foi aproveitada no momento certo, mas, agora, é tarde demais para isso – disse o monge.

Outra banana estava verde:

– É como a vida que ainda não aconteceu, indicando que é preciso esperar o tempo certo – disse o sábio.

Por fim, apontou para uma banana madura, descascou-a e dividiu com o visitante, dizendo:

– Este é o momento certo. Saiba vivê-lo sem medo.

Os estados em que as bananas se encontravam são como os tipos de comportamento que as pessoas têm. Um grupo espera sempre para mais tarde, para amanhã. A vida vai passando e, por fim, o objetivo "apodrece", perde o entusiasmo inicial. Foi apenas uma promessa que não se realizou. A banana verde representa o grupo que tem pressa, não sabe esperar e não sabe preparar um projeto de vida: o objetivo permanece imaturo e azedo. Por fim, aparece o grupo que sabe esperar o momento certo, e quando esse chega, não vacila: o objetivo é conquistado.

Há um momento certo para o músico tocar a sua parte na orquestra; há um momento certo para plantar e para colher; há um momento certo para entrar em cena e sair dela. Como o tempo, a vida situa-se em três momentos: antes, depois e o momento certo. Precipitar-se ou agir tarde demais significa o fracasso.

Trabalhar o tempo é o segredo da sabedoria. Falamos do passado, do futuro e do presente. O tempo de agir é agora. Mas agir não é apenas lançar-se para frente. É, sobretudo, planejar com tranquilidade e perceber a ocasião. Às vezes é cedo demais, outras vezes é tarde demais. Sabedoria é escolher e perceber o tempo certo. Mas como conhecer o momento certo? As coordenadas são muitas, mas devem ser levados em conta um planejamento sério, um pouco de silêncio e suficiente oração.

Quais as três dimensões da vida?

Como perceber o momento certo?

Bilhete premiado

Moradores da cidade de Frankfort, nos Estados Unidos, Ronnie e Tina Abbott, marido e mulher, não se conformavam com tanta sujeira ao longo da rodovia por onde passavam todos os dias. Aproveitando os fins de semana, começaram a recolher o lixo que se acumulava às margens da estrada. Num sábado, em apenas cinco horas, recolheram 13 sacos de lixo, seis pneus usados, 23 pilhas e centenas de outros objetos. E uma surpresa: entre os muitos objetos descartados, encontraram um bilhete premiado, no valor de 15 mil dólares. O casal se preocupou com o meio ambiente e, sem querer, foi recompensado.

A palavra ecologia tem origem no grego *oikos*, que significa "casa", e *logos*, "estudo". O cientista alemão Ernest Haeckel, em 1869, usou pela primeira vez este termo para designar o estudo das relações entre os seres vivos e o ambiente em que vivem. Hoje, a importância da ecologia chama a atenção de todo o planeta. O descaso com o meio ambiente é um dos mais graves e talvez o maior problema do nosso planeta. Na Bíblia, Deus confiou ao homem e à mulher a tarefa de cuidar do jardim terreno. O comportamento humano não foi exatamente o esperado. Em vez de cultivar, o homem optou por dominar e assumiu a condição de senhor da Terra.

O prejuízo começou devagar, mas hoje assume proporções ameaçadoras. A consequência mais grave da falta de cuidados com o planeta, mas não a única, é o aquecimento global. Ele pode causar inundação de grandes áreas agrícolas e urbanas e o deslocamento de culturas em função dos desajustes climáticos provocados pelo homem. Por tabela, a fome também está nesta lista indesejável.

O estado lamentável da saúde do nosso planeta não é culpa de uma ou de outra pessoa. Trata-se de uma culpa diluída, pois cada um deixou de fazer a sua parte, uns mais, outros menos. No entanto, ninguém assume a sua falta de responsabilidade. Um saco plástico, uma pilha usada, um pneu jogado fora, uma árvore derrubada, queimadas, venenos jogados na água e no ar... a Terra, nossa casa, tornou-se uma imensa lixeira. E o processo continua.

São Francisco de Assis foi proclamado pelo Papa João Paulo II como padroeiro da ecologia. Ele viveu há quase 800 anos, quando a poluição não representava qualquer problema. Para Francisco, a terra se apresentava como um templo, onde Deus se fazia presente, porque ele é o Criador e tudo saiu de suas mãos. Assim, São Francisco nos ensina que todas as criaturas são nossas irmãs. E cuidar delas é como achar um bilhete premiado.

Qual é o significado da ecologia?

Porque devemos cuidar de nossa casa, a Terra?

Culpas e desculpas

Maridos que precisam de uma boa desculpa para justificar uma vida dupla ou viver uma aventura extraconjugal dispõem, nestes tempos modernos, de um novo aliado. Um site foi criado especialmente para vender aos clientes "provas" de seu "bom comportamento". São álibis que vão desde uma conta de restaurante, uma passagem de uma viagem (não realizada) de avião, um convite, um pequeno recorte de jornal e assim por diante. A idealizadora do site afirma: "Somos bastante criativos, não há problema que não se resolva". O site ainda oferece três opções de idiomas: inglês, francês e alemão, e a garantia de que as provas serão bem sólidas, sem deixar brechas para dúvidas.

É a dialética da culpa e da desculpa, por sinal, bem antiga. Foi usada e não funcionou, já no jardim terreal. Adão comeu da fruta simbólica, sentiu a culpa e desculpou-se, acusando Eva, sua companheira. Eva também não quis assumir a culpa e jogou a responsabilidade na serpente. O jogo da culpa e da desculpa é cada vez mais usado, embora, na maioria das vezes não funcione. As coisas mal feitas sempre correm o risco de aparecer.

E mesmo quando a desculpa é perfeita e a outra pessoa não descobre a verdade, o transgressor tem a consciência do que fez. Podemos enganar aos outros, mas não conseguimos enganar a nós mesmos. Algumas vezes, essas pessoas recorrem ao processo de legitimação, uma tentativa de tornar legítimo o que é ilegítimo. Esta tentativa pode servir durante algum tempo, mas sempre chega a hora da verdade.

Os aviões são munidos da chamada "caixa preta", um aparelho que registra tudo o que acontece nas viagens e revela, sobretudo, as causas dos acidentes aéreos. Nós também carregamos uma espécie de caixa preta, que denominamos consciência. Ela não só registra o que fazemos, mas também nos alerta sobre a imoralidade de cada ato. No dia a dia, podemos sufocar a voz da consciência, mas, é bom lembrarmos: sempre deixamos pistas de nossas ações e somos confrontados com a verdade.

São Paulo lembrava que cada um constrói do seu jeito. Pode-se edificar "com ouro, prata, pedras preciosas ou com madeira, feno, palha, mas a obra de cada um acabará sendo conhecida" (1Cor 3,12). Haverá o dia em que as desculpas não valerão, e as culpas e a responsabilidade terão de ser assumidas. Enganar os outros não é nada ético, mas o mais triste é enganar a si próprio.

Quando foi apresentada a primeira desculpa na humanidade?

Existe uma "caixa preta" dentro de nós? Como ela funciona?

A arte de morrer

Alexandre da Macedônia é considerado o maior gênio da Antiguidade. A história deu-lhe o título de Alexandre, o Grande. Aluno de Aristóteles, aos 16 anos Alexandre assumiu temporariamente o reino da Macedônia, enquanto o pai liderava um ataque a outro país. Aos 20 anos, com a morte do pai, se tornou o novo rei. Um dos seus sonhos era conquistar Roma, a capital do mundo da época. Suas tropas chegaram até a Índia, mas, fatigadas, pediram para retornar. Uma febre misteriosa atacou o rei, nas proximidades de Babilônia. De nada valeram os esforços médicos; e Alexandre, o Grande, morreu aos 33 anos.

Pouco antes de morrer, reuniu generais e grandes da corte e ditou três determinações para o funeral: queria que o caixão fosse carregado pelos seus médicos para mostrar que eles não têm poder sobre a vida e a morte; que fossem espalhados no caminho até o seu túmulo os seus tesouros conquistados como ouro, prata e pedras preciosas, para que todos vissem que os bens materiais aqui conquistados, aqui permanecem. Por fim, queria que suas mãos balançassem fora do ataúde, para que todos pudessem ver que de mãos vazias nascemos e de mãos vazias partimos.

A vida é uma grande escola, sem dúvida, é a maior de todas as universidades. E o aprendizado não é igual para todos. Há os reprovados, que morrem sem nada ter aprendido, mesmo tendo inúmeros diplomas, e aqueles que se tornam sábios, sem nenhum diploma

Aprender a caminhar pela vida exige grande esforço para vencer os desafios que vão surgindo para cada um: falar, ler, escrever corretamente, profissionalizar-se, partilhar e viver em sociedade. Aos poucos, cada pessoa desenvolve o juízo crítico, que distingue o certo do errado, o importante do secundário, o bem do mal. É a capacidade que temos de julgar com sabedoria.

Mais tarde, chega um período em que iniciamos o balanço da vida. Vamos somando ou subtraindo sonhos, decepções, enganos, resultados. Surge a necessidade de recomeçar em outras frentes de atuação. Com o passar dos anos, a idade vai aumentando e, com ela, uma outra etapa da vida surge, nos acenando com a certeza de que também é muito importante aprender a envelhecer. É uma fase em que é preciso reconhecer e respeitar os novos limites. Finalmente surge a lição mais importante da nossa vida: aprender a morrer.

Alexandre aprendeu a arte militar, mas aprendeu também a arte de viver e morrer. Sua morte foi uma lição àqueles que deixou. São Francisco, o santo que chamava a morte de irmã, aprendeu a viver e aprendeu a morrer. Em seu leito de morte, aos 44 anos, recomendou aos seus frades e a si mesmo: "Irmãos, comecemos hoje, porque até agora pouco fizemos".

> *Qual o último aprendizado que a vida nos oferece?*
>
> *Vida e morte têm alguma ligação?*

Os erros da vida

Um velho monge conduzia o discípulo montanha acima, em direção a uma pequena igreja. Uma lenda garantia que a capela tinha poderes milagrosos, concedendo a sabedoria aos que a visitassem. Experiente, o velho monge caminhava depressa e com segurança, enquanto o discípulo tropeçava a cada passo. Cada tropeço era seguido de resmungos, queixas e até palavrões. Depois de longa caminhada, chegaram ao local e, imediatamente, o monge fez meia-volta e começou a descer a montanha, seguido do discípulo. Levando mais um tombo, o aprendiz reclamou:

— Você não me ensinou nada e não recebi nenhuma iluminação na igreja.

O monge disse:

— Ensinei, sim, mas você não quer aprender. Estou tentando lhe ensinar como se lida com os erros da vida!

— Ah, é? E como lidar com eles?

O monge, então, explicou:

— Como fazemos quando levamos um tombo: em primeiro lugar nos levantamos e depois examinamos as causas para não mais cair. E isso sem reclamar das adversidades.

A vida é uma grande viagem em direção a nossos objetivos. As pessoas podem nos ajudar, mas não podem

74

caminhar por nós. As soluções não aparecem por acaso, mas surgem da experiência assimilada. Todos caímos muitas vezes ao longo do caminho. Por vezes preferimos os desvios que nos acenam com mais facilidades, o que não chega a ser desastroso. Seria desastroso se nada aprendêssemos. Todo fato, por mais negativo que nos pareça, tem um lado luminoso e pode nos ensinar alguma coisa.

Nenhum inventor, por exemplo, teve sucesso com a primeira tentativa. Dizem que Thomas Edison fez duas mil tentativas para inventar a lâmpada. Cada erro traz em si uma lição. Aprender essa lição é o caminho da sabedoria. Muitos ficam somente nas queixas contra os possíveis culpados.

No caminho, há as encruzilhadas. A encruzilhada é um lugar importante, um lugar sagrado, onde o peregrino precisa tomar uma decisão. Onde as estradas se cruzam, se concentram duas grandes energias: o caminho que será escolhido e o caminho que será abandonado. Ambos, por um momento, se transformam num só caminho. O peregrino pode descansar, dormir um pouco, mas ninguém pode ficar ali para sempre. E uma vez feita a escolha é preciso seguir adiante, sem pensar no caminho que se deixou de lado e sem lamentar os tombos.

Como lidar com os fracassos da vida?

Porque as encruzilhadas são importantes?

"Eles não falharão"

Depois de 33 anos de exílio e sofrimento na terra, que culminaram com sua morte e ressurreição, Jesus chegou ao céu. Uma grande festa marcou sua chegada, com cantos e muita alegria. A festa foi chegando ao fim e os anjos tiveram a oportunidade de falar com Jesus.

– Agora sim – observou um deles – o Reino de Deus foi implantado na terra!

Para espanto de todos, Jesus esclareceu:

– O Reino apenas começou. Resta agora a tarefa de vivenciá-lo.

O anjo quis saber:

– E quem irá cumpri-la?

Jesus respondeu:

– Deixei lá um punhado de homens e mulheres que levarão essa missão até o fim.

– Mas, e se eles não assumirem a tarefa com seriedade? – perguntou o anjo, preocupado.

– Neste caso, o Reino não acontecerá – respondeu Jesus. Mas, para espantar os temores, o Mestre completou com segurança: – Mas eles não falharão!

Nós, cristãos, somos as mãos de Deus na história. Com a ascensão de Jesus, começa a maioridade cristã, quando os discípulos foram enviados até o fim do mundo e dos tempos, para ensinar, curar, batizar e

76

evangelizar. E sempre que a Boa-Nova é rejeitada, os discípulos continuam a missão e levam consigo a tarefa e o poder de ser sinal do Reino, fermento em meio à massa e luz para o mundo.

Mais que construir o Reino, como cristãos, temos a tarefa de acolher este Reino. "Venha a nós o vosso Reino", pedimos no Pai-Nosso. E podemos fazer isto de muitas maneiras. Em primeiro lugar, na dimensão pessoal: "Florir no recanto onde Deus me colocou", era a meta de Santa Teresinha. E existe ainda a dimensão comunitária e social, em que o cristão não pode se considerar alguém que trabalha sozinho pelo Reino. Afinal, ele faz parte de uma comunidade e é isto que significa ser Igreja.

"Eu estarei convosco até o fim dos tempos" (Mt 28,20), nos assegurou Jesus. A presença do Senhor acontece de muitas maneiras em nossa vida, especialmente pela Palavra e pela Eucaristia, lembrando que existe uma diferença muito grande entre as realidades terrenas e as divinas. É que estas não dependem de plebiscitos, da aceitação da opinião, nem têm compromisso com a audiência. Dependem somente da vontade de cada um de partir em busca da luz e crescer espiritualmente.

Qual a diferença entre construir e acolher o Reino de Deus?

Qual é a maior segurança para o cristão?

Pedras preciosas

Um pequeno avião monomotor sobrevoava as florestas entre Goiás e Mato Grosso. O avião começou a apresentar um pequeno problema e o piloto decidiu voar mais baixo. Sua referência era o majestoso rio Araguaia. Mais perto do solo, o piloto avistou as pequenas ilhas no leito quase seco do rio e conseguiu pousar numa delas. O avião foi consertado e antes de retomar o voo, o piloto caminhou pela encantadora ilha, cercada de praias. Na caminhada, percebeu a beleza de centenas de pequeninas pedras, de cores e tamanhos variados e escolheu algumas delas para presentear a filha.

Meses depois, um amigo joalheiro que visitava a família viu a menina brincando com as pedrinhas e quis saber de onde eram. Examinando-as, garantiu que eram pedras preciosas e tinham grande valor. O joalheiro tinha certeza de que deveriam existir outras pedras no local onde foram achadas. A partir desse dia, o piloto realizou dezenas de voos sobre a área onde estivera. Foi inútil: uma grande cheia no rio Araguaia havia encoberto as ilhas, e seus tesouros agora estavam sepultados para sempre no fundo das águas.

Assim é a vida. Um dia encontramos a ilha da felicidade e suas pedras preciosas: amor, felicidade e ideal. Despreocupados, ignoramos o garimpo, não sinalizamos o local, não colocamos uma placa com a inscrição "minha ilha". E assim, com seus inimagináveis tesouros, a ilha é perdida para sempre.

Também é possível que essa ilha não se situe no passado, mas no futuro e, mais que uma saudade, possa ser uma esperança. Ser feliz é o maior de todos os sonhos possíveis e o mais profundo anseio do ser humano. Mas não há receitas prontas. É uma busca, uma realização de cada pessoa. Ao longo da vida aparecem muitos indícios e nenhum deles pode ser desprezado. Trata-se de uma busca que requer muita paciência.

Não podemos esquecer uma referência necessária para a busca desse tesouro: Deus. É preciso, sim, ter a convicção de que a felicidade existe, porém, ela não pode ser confundida com dinheiro, poder, glória ou prazer. Não podemos imaginá-la fora e longe de nós. Ela se situa dentro de nós, em nosso coração. Nem mesmo o fato de não a ter encontrado até agora justifica um sentimento de desânimo. Vale a pena buscá-la. Sempre. Mesmo que nos últimos momentos da vida.

Onde se situa a ilha da felicidade?

É inteligente a pessoa ficar debruçada sobre o passado?

O espelho e a janela

Uma lenda grega, imortalizada pelo poeta romano Ovídio, fala de Narciso, jovem de singular beleza, filho do rei Céfiso e da ninfa Liríope. No dia de seu nascimento, um velho sábio profetizou que Narciso teria longa vida, desde que jamais contemplasse a própria imagem. Quando crescido, numa oportunidade, Narciso contemplou a própria imagem numa fonte. Embevecido com sua figura, ficou contemplando-a até consumir-se.

Da lenda de Narciso surgiu, na Psicologia e na Psiquiatria, a figura do narcisista. Designa uma condição mórbida e doentia do indivíduo que tem interesse exagerado e obsessivo pelo seu corpo ou mesmo pela sua personalidade. O narcisista ama a si mesmo acima de qualquer coisa. Ele cria uma autoimagem perfeita, mas irreal. Tudo o que ele faz é excelente, no seu ponto de vista. Quem discorda dele é porque é invejoso.

Uma mãe presenteou a filha de 15 anos com um espelho. Mas alertou à moça que a imagem externa, a beleza física, não era tudo. Ela deveria levar em conta também a beleza interior: a virtude, o respeito, a simpatia e a capacidade de admirar o que vem dos outros. E a mãe ainda insistiu, dizendo que, sempre que possível, a filha olhasse também através de uma janela.

O espelho mostra apenas nossa figura. Já uma janela se abre para os outros, para o mundo. É importante saber quem somos, mas não podemos ignorar os outros e o que eles pensam. O narcisista não admite seu erro, pois isso desmontaria sua figura idealizada. E, assim, nada como acusar os outros. A melhor defesa, ensinam os técnicos de futebol, é o ataque.

Mas, admitir erro não é sinal de fraqueza. Uma das frases mais significativas do Evangelho serve de base aos psicólogos e psiquiatras: "Conhecereis a verdade, e a verdade vos tornará livres" (Jo 8,32). Acolher nossa verdade pessoal, com qualidades e defeitos, é o ponto de partida para nosso crescimento. Afinal, como dizem os teólogos, só o que é admitido é redimido.

> *Qual a diferença, em nível psicológico, entre o espelho e a janela?*
>
> *Quem é, e como procede, o narcisista?*

Amiga perigosa

"Eu tinha 16 anos quando a conheci. Ela era mais velha e foi apresentada por amigos numa festa. Ela me enlouquecia. Eu não conseguia pensar em mais nada, a não ser nela. Cheguei a um ponto de não conseguir viver sem ela Mas era um amor proibido. Meus pais não a aceitavam de forma alguma e, então, passamos a nos encontrar às escondidas. Ela acabou por me afastar da minha família e dos meus melhores amigos. Era possessiva e exigia cada vez mais dinheiro. Então, para tê-la comigo, comecei a pegar dinheiro emprestado e depois, passei a roubar. Por causa dela, me tornei um fora da lei. Um dia, fugindo da polícia, recebi um tiro na perna e tive que ser hospitalizado. Também fui preso e, depois, internado numa casa de recuperação. Forçado fisicamente a viver sem ela, dei-me conta do grande engano da minha vida, pois ela não era minha amiga. Era uma ladra: roubou minha liberdade, minha alegria de viver, meu dinheiro, roubou família e amigos. Quase roubou meu futuro. Esta ladra é muito conhecida e você já deve ter ouvido falar de seu poder destruidor. É a droga."

Esse depoimento lembra uma fábula com animais. Certo dia, a raposa viu um letreiro na entrada de uma gruta, onde estava escrito: "Podeis entrar com confiança. Palavra de leão". Mas, felizmente, a raposa percebeu a tempo que havia somente pegadas de animais entrando na gruta, mas nenhuma pegada saindo dela.

Assim é a droga: é fácil entrar, mas nem sempre é possível sair. Na maioria das vezes, a vida dos usuários, principalmente de jovens, termina tristemente. E infelizmente, nenhuma família pode garantir que isso não vá acontecer com seu filho, pois a droga invade também famílias bem estruturadas, embora, felizmente, numa família assim, o risco seja bem menor.

Algumas atitudes podem ajudar os pais a livrar o caminho dos filhos das drogas, a começar por uma vida harmoniosa do próprio casal e o hábito de reservar um tempo aos filhos. O diálogo, iniciado já nos primeiros anos da criança, dificulta um possível encantamento com as drogas. Os pais devem receber, em casa, a visita dos amigos de seus filhos, pois assim, poderão perceber o caráter deles.

A bebida e o cigarro também são drogas, embora considerada lícitas, e podem ser um caminho bem preparado para a entrada de outros tóxicos. Portanto, melhor que os pais alertem seus filhos sobre seus riscos.

E, ao contrário do que muitos podem pensar, dinheiro em excesso não faz bem a um jovem. Iludido, ele sempre vai querer viver novas emoções e realizar novos sonhos, pensando que o dinheiro que tem à disposição sempre poderá comprar tudo, o que é um engano.

Outro fator considerado fundamental para viver longe das drogas passa pela formação moral dos filhos.

Quando os filhos são orientados para uma vida baseada em valores morais, quando Deus, a fé e a prática religiosa fazem parte de seu cotidiano, a droga, ladra disfarçada de amiga, encontrará a porta fechada. E, de resto, o preço da educação é o amor exigente.

O que a droga pode causar na vida de uma pessoa?

Existem drogas lícitas. Mas elas podem ser consideradas inofensivas?

O endereço de Deus

$\mathcal{P}$ossivelmente querendo chamar atenção, em 2008, o senador Ernie Chambers, do estado norte-americano de Nebraska, entrou com ação contra Deus. Ele acusava Deus de ser responsável por milhões de mortes, causadas por inundações, furacões e outros acidentes naturais. Chambers também acusava a Deus por métodos terroristas contra a humanidade.

O processo contra Deus seguiu as instâncias normais e depois, foi arquivado por um juiz, porque "o autor não informou o endereço do réu, impedindo a Justiça de notificá-lo". O advogado Eric Perkins até se ofereceu como interessado em apresentar defesa, mas foi recusado "por falta de procuração outorgada pelo suposto réu".

Mas, qual será mesmo o endereço de Deus? Para São Francisco de Assis, encontrar esse endereço é fácil. Para ele, o universo inteiro é um templo de Deus, com nítidos sinais da presença divina por todo o lado. No livro *O pobre de Deus*, de Nikos Kazantzákis, o santo de Assis fala da transparência do Criador em suas obras: no Sol, nas estrelas, no orvalho, nas flores, nas nuvens. E chega a afirmar: "E Deus se fez chuva e chove sobre o mundo".

Para os bispos latino-americanos, reunidos em Aparecida (SP), em 2007, o cristão percebe o rosto de

Deus, sobretudo, nos mais pobres e excluídos: índios, negros, mulheres, doentes, idosos... Esta é também a opinião do Mestre Jesus. "Eu tive fome e me destes de comer; tive sede e me destes de beber; fui peregrino e me acolhestes; estive nu e me vestistes; enfermo e me visitastes; estava preso e viestes ver-me" (Mt 25,35-36).

O endereço de Deus é conhecido de todos os seus discípulos. Ele mora no coração de cada filho e filha, especialmente naqueles que sofrem. Ele está presente na Igreja, na Palavra e nos Sacramentos. Enfim, está presente onde o deixam entrar. Provar a existência de Deus pode até ser mais difícil para alguns, mas é impossível negar sua existência. Todo discípulo, pela sua vida, deve proclamar: "Deus existe, eu o encontrei. Eu sei seu endereço: ele mora comigo".

Para você, onde Deus mora?

Podemos acusar a Deus pelas tragédias humanas?

O diabo fecha a loja

Cansado e envelhecido, o diabo decidiu encerrar suas atividades e vender suas ferramentas de trabalho numa liquidação. Desencantado, tinha consciência de ter lutado muito e nem sempre ter levado a melhor. Um secular descontentamento o magoava por duas razões: a participação do Arcanjo São Miguel na batalha do mal contra o bem teria sido indevida. Afinal, tratava-se de uma luta particular entre ele e Deus. E mais: o fato de nunca ter tido o direito de defesa o incomodava. A versão dominante sempre fora escrita por seus inimigos.

Por essas e outras, ele estava liquidando sua loja. A sua sucessão estava definida, mas ele não se afastaria totalmente dos negócios. Suas ferramentas foram dispostas de forma atraente para a venda. Ali estavam o amor-próprio, o egoísmo, a sensualidade, o ódio, a cólera, a avareza, a inveja, o ciúme, a ganância e muitos outros vícios.

Existia uma ferramenta, porém, mais desgastada pelo uso e o demônio não estava disposto a se desfazer dela. Alguém quis saber como se chamava essa ferramenta e porque ele se recusava a vendê-la. "Primeiro", explicou ele, "é porque de certo modo faz parte de minha identidade e, depois, porque ela pode substituir qualquer outra peça". E revelou: "Seu nome é orgulho".

O orgulho gera filhos muito parecidos com o diabo. No egoísmo, na avareza, no ciúme, na inveja e na pretensão de julgar a todos, é possível encontrar o DNA do orgulho. Adão e Eva foram expulsos do paraíso porque pretendiam ser iguais a Deus. Não aceitando o segundo lugar, Caim matou seu irmão Abel. Nas guerras, nas exclusões, nas desuniões familiares, nos roubos, nos assassinatos aparecem sempre as raízes e os frutos do orgulho.

O projeto de Jesus é marcado pela humanidade que se traduz no serviço ao próximo. Sendo divino, Jesus assumiu condição humana; sendo Senhor, nasceu numa gruta de animais; sendo Filho de Deus, passou grande parte da vida numa humilde oficina. Aos discípulos, ele aconselhou escolher o último lugar e garantiu que o vencedor é aquele que sabe perder. Mais: escolheu pessoas humildes, pescadores e ignorantes, para a mensagem e para o serviço. Ele revelou sua sabedoria aos humildes. O orgulho nunca teve lugar em seu projeto.

Porque o orgulho desagrada a Deus e prejudica a humanidade?

Qual o sentido da expressão evangélica "saber perder"?

O caçador e a onça

Caçar era sua grande paixão. Seu sonho maior era abater uma onça. Num belo dia, o caçador ia distraído por uma floreta, quando uma onça tentou atingi-lo. Felizmente errou o pulo. Recuperado do susto apontou a arma contra a onça, mas ele também errou. Tudo terminou empatado. A partir daí, ele entendeu que precisava treinar mais para um possível reencontro com a onça. Todos os dias ia à floresta e disparava sobre alvos artificiais. Numa oportunidade, lá pelo meio-dia, escutou um ruído na mata. Foi ver o que acontecia e, espantado, viu que a mesma onça também estava treinando um ataque.

Muitos se queixam da vida. Para essas pessoas, tudo é difícil e não existe a sorte. Na realidade, o fator sorte acontece apenas de vez em quando. Isso vale também para o azar. É que a vida tem a lógica da semeadura. Podemos escolher a semente para semear, mas a vida nos leva a colher exatamente aquilo que semeamos. E aquele que nada semeia nada colhe.

No passado, tudo parecia ser mais fácil. Era possível vencer na vida apenas apoiando-se na vontade. Ter a vontade ainda hoje é importante, mas também é necessário o conhecimento e a preparação. Ou seja, é preciso estar pronto para quando a onça chegar, e isso significa saber colocar-se na linha da sorte. Não podemos esperar passivamente, mas temos de ir ao encontro da oportunidade.

Numa empresa, os funcionários foram convidados, depois do expediente, a conhecer os novos equipamentos que iriam ser instalados. Os poucos que compareceram foram escolhidos para trabalhar com a nova tecnologia, com melhores salários. Um empregado alegou que estava cansado e iria tirar uns dias de férias. Quando voltou, sua vaga estava ocupada.

A preparação para a vida vale ainda para o ambiente familiar. Assim como o saldo de nossa conta bancária zera se fizermos retiradas contínuas sem repor, na família também precisamos fazer contínuos depósitos na conta do amor, da partilha, da generosidade, do diálogo e da gratuidade.

No campo moral, a mesma coisa. Para colher é preciso semear. São Paulo lembra a tarefa do discípulo de Jesus: "Acaso não sabeis que, no estádio, todos correm, mas um só ganha o prêmio? Correi de tal maneira que conquisteis o prêmio. Todo atleta se impõe todo tipo de disciplina. Eles assim procedem, para conseguirem uma coroa corruptível. Quanto a nós, buscamos uma coroa incorruptível! Por isso, eu corro, mas não corro às tontas. Eu luto, não como quem golpeia o ar" (1Cor 9,24-26).

O que significa colocar-se na linha da sorte?

A preparação para a vida acontece só na infância ou deve ser contínua?

O leão e o grilo

$\mathcal{P}$asseando na floresta, sem maiores cuidados, o rei leão quase atropelou um pequeno grilo.

– A floresta é de todos – protestou o grilo, diante de seus direitos violados.

O leão desafiou o grilo.

– Está bem. Já que você quer guerra, terá guerra – declarou ao pequeno inseto.

O campo de batalha foi fixado numa clareira da floresta. Cada um deles traria seu exército. O leão convocou seus súditos. Lá estavam os integrantes de seu exército: tigres, onças, leopardos e ursos. As águias ficariam na defesa área.

Aproximava-se a hora do início da guerra e, diante do exército do rei leão, o grilo continuava solitário.

– Onde está o seu exército? – rugiu o leão.

– Dê o sinal para iniciar a batalha e você verá – garantiu o grilo, tentando engrossar a voz.

Dado o sinal, do alto das árvores baixaram nuvens de insetos, que se precipitavam sobre o exército real. Vespas, abelhas, marimbondos e mosquitos avançaram velozmente sobre os animais e as ferroadas iniciaram uma grande confusão. Por terra avançaram formigas implacáveis, visando às partes mais sensíveis dos animais, especialmente os olhos e os ouvidos. E assim, as ordens do leão foram ignoradas e todo o seu exército saiu em debandada. O próprio rei leão, depois de mergulhar nas águas barrentas de um rio, escondeu-se numa gruta escura, para lamber as feridas.

A história da batalha dos animais é a imagem da vida. Sempre que os pequenos e fracos se unirem, conseguirão derrotar as forças mais poderosas. "Um povo unido jamais será vencido", costumam proclamar os participantes de movimentos sociais. Esse esquema realmente tem sentido. Apesar das aparências, a história da humanidade acaba sendo conduzida pelos mais fracos, desde que tenham o bom senso de se unirem.

Sem assumir a luta de classes do socialista alemão Karl Marx, o Evangelho aponta para a dignidade de todos os seres humanos e torna clara a sua opção pelos pobres. Não em nome do ódio, mas em nome do amor. E é nesta segunda alternativa em que reside a possibilidade para a paz e a felicidade. Forte não é aquele que destrói. Este é o fraco. Forte de verdade é aquele que constrói e que opta por um amor exigente.

> *"Povo unido jamais será vencido." Qual o significado deste lema?*
>
> *Quem é mais forte: o ódio ou o amor? Por quê?*

O lobo e o cordeiro

*H*á mais de 300 anos, o poeta francês Jean de La Fontaine, observando a sociedade de seu tempo, escreveu a fábula do lobo e do cordeiro, cada vez mais atual.

Um cordeiro estava bebendo água num riacho, quando foi abordado por um lobo faminto, acusando-o de estar sujando a água que ele ia beber. Com humildade, o cordeiro observou que ele não poderia estar sujando a água, pois estava bebendo vinte metros mais abaixo do local onde o lobo estava.

Então, o lobo refez, rapidamente, o seu argumento e disse:

– Sei que você andou falando mal de mim no ano passado.

Mais uma vez, a resposta do cordeiro foi inquestionável:

– Isto não pode ser, porque no ano passado eu não tinha nem nascido.

O lobo insistiu:

– Então foi seu irmão.

E o cordeiro esclareceu:

– Mas eu sou filho único, não tenho irmãos.

E o lobo antes de devorar o indefeso cordeiro, justificou-se:

– Bem, se não foi você, foi alguém que você conhece, seu pai ou os pastores que cuidam do rebanho.

A fábula de La Fontaine pode ser aplicada em muitos setores da convivência humana, inclusive na política, no futebol e nos tribunais. E de um modo especial, entre todas as nações. A prática sugere que a razão do mais forte tem mais peso e a sabedoria popular garante que "a corda arrebenta sempre do lado mais fraco". A lei é para todos, mas sua aplicação leva em conta a força e o poder de cada um. Quase mil anos antes de Jean de La Fontaine, o filósofo grego Diógenes garantia que os ladrões grandes enforcavam os pequenos.

Mas, no Evangelho, a lógica é outra, e os que são considerados fracos perante a sociedade são os escolhidos por Deus. O Evangelho, na voz vigorosa de Mateus, alerta: "Ai de vós, escribas e fariseus hipócritas! Sois semelhantes a sepulcros caiados: belos por fora, mas por dentro estão cheios de ossos de cadáveres e de toda podridão" (Mt 23,27). E o Evangelho segundo Lucas ainda fala do mau rico e do pobre Lázaro: o pobre morreu e foi levado para junto de Abraão, enquanto o poderoso morreu e foi sepultado (cf. Lc 16,19-31).

Assim, aprendemos que não basta ser bem-sucedido na vida nem praticar algumas obras religiosas. Nem mesmo é suficiente ser batizado e enquadrar-se na estrutura de uma Igreja. Antes de mais nada, é necessário que fé e vida andem juntas. "Nem todos os que dizem Senhor! Senhor! entrarão no Reino de Deus, mas apenas aqueles que fazem a vontade do Pai" (Mt 7,21). E fazer a vontade do Pai não significa sermos poderosos perante os demais.

> *Para você, quem é o lobo e quem é o cordeiro dos dias atuais?*
>
> *Por que Jesus condenava os fariseus?*

O mendigo e o rei

O poeta indiano Rabindranath Tagore narrou, certa vez, o encontro de um mendigo com o rei. Andando pelas estradas da Índia, o velho mendigo batia de porta em porta, pedindo qualquer coisa para comer. A tarde já estava no fim e ele havia conseguido apenas alguns punhados de trigo. Quando avistou no horizonte uma carruagem, o mendigo animou-se. Puxada por cavalos garbosos, ela conduzia o próprio rei. A carruagem parou bem a sua frente. "Hoje é o meu dia de sorte", pensou o mendigo, imaginando as moedas de ouro que poderia receber do rei. Descendo da carruagem, o soberano estendeu sua mão direita em direção ao pobre, perguntando:

– Que tens para mim?

Confuso, o mendigo olhou para o fundo de seu bornal e tirou alguns grãos de trigo e depositou-os nas mãos do rei, que agradecido, voltou à carruagem e desapareceu nas curvas do caminho.

O mendigo continuou sua penosa caminhada, sem nada entender. Antes de deitar, após ter comido um pedaço de pão e tomado um pouco de água, ele despejou as poucas esmolas do dia e, surpreso, notou que entre os grãos de trigo, luziam alguns grãos de ouro. Eram os grãos que ele dera ao rei. Tardiamente arrependido, chorou lágrimas amargas e lamentava-se: "Por que não tive a coragem de lhe dar tudo?".

No rosto do mendigo está o rosto da humanidade inteira. Desalentada, faminta, andava sem rumo pelas estradas do mundo. Foi nesse horizonte que, um dia, surgiu a carruagem real, mas que não ostentava majestade nem poder. Era Jesus.

Numa noite luminosa, Jesus armou sua tenda em nosso meio, afirma São João. Ele não veio para ser servido, mas para servir. Ele abriu suas mãos para receber um pouco de nossa pequenez. Ele não quis impressionar-nos com sua grandeza, mas irmanou-se em nossa pobreza. É isso o que celebramos no Natal.

Contrariamente a uma humanidade egoísta e mesquinha, Deus nos deu seu Filho único e com ele nos deu tudo. Mais ainda: iluminou nossos horizontes, santificou nossas dores, trouxe-nos a possibilidade infinita de sermos felizes. Seu reinado eterno tem a marca da humildade. Jesus abriu nossos olhos a uma grandeza desconhecida por nós mesmos. Ele se fez homem para que nós pudéssemos ser deuses, sintetiza Santo Agostinho.

O que significa a coragem de dar tudo?

O que você celebra no Natal?

O monge e o tesouro

Numa montanha da Pérsia, num imenso palácio, morava um homem muito rico e avarento, que adquirira sua riqueza por meios escusos e vivia em função dela. Com medo de ser roubado, havia cercado seu palácio de seguranças.

Certo dia, um monge, que vivia nas proximidades, confessou seu desejo de ver os tesouros. "Será um prazer", afirmou o homem. E no dia combinado, o monge foi levado ao palácio onde estava o tesouro: ouro, prata, esmeraldas, rubis, pérolas e turquesas.

Após longo tempo de silenciosa contemplação, o asceta disse: "Obrigado por me oferecer o seu tesouro". Espantado e surpreso, o avarento reclamou: "Mas eu não lhe dei nada, apenas permiti que olhasse". Com um sorriso de ironia e inteligência, o monge explicou: "É que eu senti a responsabilidade de cuidar dele".

Para São Francisco de Assis, o grande pecado era apropriar-se das coisas que não são nossas, mas de Deus. Assim, falamos erradamente quando dizemos que as coisas deste mundo nos pertencem, como: "a minha terra", "o meu espaço", "as minhas árvores". Na verdade, não somos donos das estrelas, do ar, do brilho da Lua ou das fontes. Nada pagamos pela chuva, pela irradiante energia que vem do Sol, pelas paisagens, pelo canto dos pássaros ou pelos lírios. Nem mesmo nos damos conta de que é o Pai que nos dá o dia e a noite, as estações necessárias para o desenvolvimento das plantações. Assim, não somos donos das sementes, não podemos privatizar uma praia ou prender um pássaro numa gaiola.

As únicas riquezas realmente nossas são aquelas que repartimos com os outros. De resto, chega a ser hilariante a atitude de uma pessoa avarenta: priva-se das coisas agora, com medo de que lhe façam falta mais tarde. O único dinheiro nosso é aquele que gastamos bem.

Não somos donos de nada. Nossa posição é a de inquilinos que desfrutam de todas as coisas concedidas pelo amor de Deus, e a nossa tarefa é a de conservar todas essas dádivas. A vontade do Criador é que a terra seja um jardim bem cultivado, onde seus filhos sejam felizes. Ele nada nos cobra pelo uso, quer apenas que consigamos amar e respeitar todas as criaturas. Esta é a visão de Francisco de Assis: um mundo feito templo de Deus, onde seus filhos e filhas vivam em fraternidade.

O avarento é senhor ou escravo de suas riquezas?

Quais são nossas únicas riquezas?

Plantando árvores

Castigado pela vida, cabelos brancos e desalinhados, um velhinho estava plantando algumas mangueiras. Alguém que passava por ali observou:

– Para que plantar árvores com a idade que o senhor tem? Certamente o senhor não terá tempo de comer de seus frutos!

Tranquilamente, o bom velho respondeu:

– Ah... Mas eu já comi muitas mangas de árvores que não foram plantadas por mim. E agora é minha vez de plantar para que outros comam destas mangas, mesmo depois que eu tiver ido.

Vivemos o tempo da pressa, da velocidade e das coisas prontas. Não temos paciência para esperar. Vivemos um tempo em que tudo se compra e se vende e ficamos sem perceber o milagre da gratuidade. O universo é maravilhoso e cada criatura doa de si mesma. O Sol espalha seus raios sobre toda a terra, sem cobrar nada. A água rega árvores e campinas, sacia a sede dos seres humanos e dos animais. O pequeno inseto poliniza as flores, que oferecerão beleza e frutos. A terra se abre, acolhedora, para as sementes. E assim o milagre da vida se eterniza. Dotado de inteligência e vontade, o homem é como o jardineiro do planeta, cuidando e zelando para os que vivem hoje e também para os que o herdarão amanhã.

E assim como o planeta precisa de nós, também precisamos dos nossos irmãos. Ninguém pode dizer que não precisa de ninguém e que se basta a si mesmo. O bem-estar da nossa vida, queiramos ou não, depende do nosso irmão. Dezenas de mãos se uniram e trabalharam para fazer com que o pão chegasse à nossa mesa, por exemplo. Alguém plantou o trigo, alguém colheu, outro transportou, outro ainda fez a farinha, outro providenciou o fermento e o forno. Por fim alguém repartiu este pão saboroso que chegou à nossa mesa.

A própria natureza nos criou dependentes. Abandonada ao nascer, nenhuma criança sobrevive. Ela precisa de amor e cuidados por muitos anos. E a milenar sabedoria é transmitida a ela pelos adultos. Ela não precisa descobrir o fogo, a roda, o alfabeto, a penicilina ou até mesmo a torta de Natal que a avó fazia. Tudo isso, um dia, foi descoberto por outras pessoas que se foram, mas esse valioso conhecimento permanece.

Jesus nos revelou o caminho para a felicidade: amar a Deus e aos irmãos. E num gesto revolucionário, igualou os dois mandamentos. Pois bem, há mil maneiras de amar, mas uma só maneira de amar a Deus: amando o próximo. Entre mil maneiras de amar o próximo está a atitude singela de plantar mangueiras para que, um dia, outros possam colher suas saborosas frutas. Bendito

101

aquele que semeia! E a semente, o serviço, o carinho, e tudo o mais que é semeado, um dia germinará.

> *Quais os dois grandes mandamentos, segundo Jesus?*
>
> *Quantos devem trabalhar para que o pão chegue à nossa mesa diariamente?*

Os três pedidos

Um professor fez um teste com seus alunos. Cada um deles, no espaço de 30 segundos, deveria escrever três pedidos. Em sua maioria, os desejos falaram de automóvel, um bom emprego, um DVD, uma passagem para viajar gratuitamente por todo o mundo, um milhão de dólares... Cerca de 90% dos alunos pediram coisas materiais, privilegiando o ter, e não o ser.

Respostas assim nos fazem pensar em algumas questões: o que me faz feliz e qual o sentido de minha vida? O psiquiatra e escritor Roberto Shinyashiki se debruça sobre a questão e chega à conclusão que existem duas realidades que justificam uma vida: crescer na espiritualidade e no serviço à sociedade. E isso não depende daquilo que temos, mas daquilo que somos. Essas opções de vida concordam com a sabedoria do Evangelho, que indica a realização humana no amar a Deus e ao próximo.

Admitidos esses dois caminhos, a vida das pessoas muda radicalmente. Passando um olhar pela história, nos damos conta de que as personalidades que dignificaram a raça humana seguiram essa postura, como São Francisco de Assis, Mahatma Gandhi, Martin Luther King, Dom Bosco, Irmã Dulce, Madre Teresa de Calcutá. É uma filosofia de vida que inverte radicalmente nossos valores e nos faz entender que os bens materiais que possuímos não são nossos e não vão passar pela alfândega da eternidade. Mesmo neste mundo, tais bens nos possibilitam momentos felizes, mas não trazem a felicidade.

Mesmo assim, ninguém se satisfaz com todos os bens materiais que possui. Ao contrário, as pessoas sempre querem acumular mais bens e, para isso, é comum esquecerem do que realmente é importante para a felicidade. Acabam, então, se tornando avarentas e gananciosas, se privando das pequenas alegrias para o dia a dia, com medo que o dinheiro falte no amanhã.

Se fôssemos informados de que teríamos apenas três meses de vida, como agiríamos? Muitas coisas que consideramos importantes se tornariam secundárias. Por outro lado, coisas que até agora pouco nos preocupavam, assumiriam uma importância decisiva.

Mas ninguém de nós sabe quando partiremos. Se hoje ou daqui a três meses, ou um ano. Portanto, se uma coisa é importante para nós, não podemos deixá-la para amanhã. Quando deixamos, é porque ela não nos parece importante. E crescer em espiritualidade e no serviço ao próximo são as atitudes mais importantes. Não podemos deixá-las para o próximo ano nem para a semana que vem.

Quais são seus maiores desejos?

O que acontece com nossas riquezas materiais quando morremos?

Presente de Deus

Iniciando um encontro com uma plateia diferencia-da, o palestrante quis saber a idade de algumas pessoas que estavam na primeira fila.

– Quantos anos você tem? – perguntou a uma jovem.

– Vinte e um – respondeu ela.

Em seguida foi a vez de um empresário responder; e a terceira pessoa declarou que tinha 80 anos! Em se-guida, o palestrante revelou o que exatamente queria saber ao fazer tal pergunta.

– Não perguntei a ninguém quantos anos já tinha vivido. O que eu queria saber é quantos anos você tem pela frente!

Os anos que passaram não são mais nossos. Estão fora de nosso alcance, não mais retornam nem pode-mos modificá-los. Na data de aniversário, é comum a frase, dita pelo próprio aniversariante ou pelos amigos: "Mais um ano de vida!". O correto seria dizer: "Menos um ano de vida!". Isto vale também para os dias 31 de dezembro e 1º de janeiro. Deveríamos contar como um ano a menos e não como um ano a mais.

Todos sabemos o que é o tempo, mas temos di-ficuldade em defini-lo. Tentando facilitar a compreen-são, dividimos o tempo em três dimensões: passado,

105

presente e futuro. Eles não têm o mesmo peso. O passado não é mais nosso e está congelado; o futuro é uma possibilidade que não podemos medir. Assim, unicamente nosso é o momento presente.

O bom senso nos aconselha a não perdermos tempo com o passado, já fora de nosso alcance. O que resta é fazer as pazes com ele. E ainda nos recomenda não contar muito com o futuro, pois podemos ficar de mãos vazias. O que nos resta realmente é o aqui e agora.

Tudo o que fazemos é escolha nossa. E cada escolha feita cria as inúmeras situações em nossa vida, boas ou não. E não podemos jogar a culpa daquilo que não dá certo nos outros.

O tempo é infinito, mas não para nós; pode ser nosso aliado ou inimigo e isso depende do que fazemos com ele. Viver o momento presente é sabedoria. Até porque é um maravilhoso presente de Deus para nosso amadurecimento. E Deus oferece a todos o perdão e a possibilidade de recomeçar, mas não garante a ninguém o amanhã. Isso depende do que fazemos hoje. O tempo de Deus é hoje, é agora.

> *Quantos anos você já viveu e quantos ainda tem pela frente?*
>
> *Qual a mais importante dimensão do tempo? Por quê?*

Quatro segredos

$\mathcal{D}$epois da tensão do vestibular, o primeiro dia de aula na faculdade foi cheio de surpresas. A maioria dos alunos estava na faixa dos 20 anos. No entanto, havia uma pessoa estranha no meio de tantos jovens. Talvez ela tivesse entrado lá por engano ou, quem sabe, fosse a avó de um dos alunos. Nada disso! A senhora serena e simpática que parecia ter mais de 70 anos fazia parte da nova turma.

Seu nome era Rosa e em pouco tempo ela se tornou a aluna mais popular da classe, a confidente preferida. Nas festas do grupo, sempre havia quem se prontificava a buscar a vovó e, depois, deixá-la em casa. Jamais faltava às aulas, e nas avaliações, suas notas sempre estavam entre as melhores.

Quando chegou a formatura, aconteceu o inevitável: Rosa foi escolhida oradora da turma. No dia da colação de grau, estava visivelmente nervosa, mas, diante de uma multidão de jovens, ela discursou, revelando seus segredos:

– Contarei o segredo de minha vida que, apesar das dificuldades, tem sido muito feliz. Existem quatro segredos para continuarmos jovens, felizes e obter sucesso. Primeiro, você precisa rir e encarar a vida com bom humor. Ela é curta demais para ser gasta com amarguras.

Segundo, você precisa ter um sonho ambicioso e dar alguns passos em sua direção, pois quando perde seus sonhos, você morre. Terceiro, há uma enorme diferença entre crescer e envelhecer. A corrida do tempo é igual para todos, e o ideal é continuar crescendo com o passar dos anos. E quarto, não cultivar remorsos. Os velhos, geralmente, não se arrependem por aquilo que fizeram, mas por aquilo que deixaram de fazer.

Rosa jamais exerceu a profissão. Nem se formara para isso, mas traduziu em amor e serviço aquilo que aprendeu nas aulas. Os colegas de turma sempre a visitavam. Mas os anos são implacáveis e, algum tempo depois, ela morreu, serenamente, enquanto dormia.

Nos funerais, não apenas os colegas de classe, mas muitos alunos de outras turmas estiveram presentes. A homenagem fúnebre foi simples: um colega repetiu os quatro segredos de dona Rosa e concluiu: "Continue com Deus".

Explique o que significa na sua vida os quatro segredos deste episódio.

É inteligente dizer: "Agora é tarde demais"?

O mendigo e o pão

Uma dona de casa fazia, a cada dia, um pão para cada filho e sempre um a mais para alguém que estivesse passando fome. Ela deixava o pão fresco no peitoril de sua janela e, todos os dias, um mendigo o levava. Mas, em vez de agradecer, ele resmungava: "O mal que você faz recai sobre você e o bem que você planta, você colhe".

Uma ideia má brotou no coração daquela senhora. "Já que o mendigo é ingrato, vou dar a ele um pão envenenado!". E chegou mesmo a colocar veneno no pão. Mas, logo se arrependeu. Jogou fora o pão envenenado e, no mesmo dia, preparou um pão ainda mais delicioso para o mendigo. Mais uma vez, ele passou, levou o pão e disse as mesmas palavras.

E assim, todos os dias, na hora em que o mendigo pegava o pão, a mulher rezava por seu filho que partira para a guerra e que há tempo não dava notícias. Na tarde daquele dia, bateram à porta da casa. Assim que abriu a porta, a mulher deparou-se com o filho, magro, barbudo, faminto, mas vivo. E o filho, após um longo abraço, explicou: "Mãe, é por milagre que estou aqui. Eu estava tão faminto e cansado que perdi os sentidos. Mas um velho mendigo que passava, me viu, deu-me água e deixou-me um pão. Disse que aquilo era o que ele comia todos os dias, mas deu o alimento para mim, porque achou que eu estava precisando mais do que ele".

A mulher empalideceu, dando-se conta de que o pão envenenado poderia ter sido comido pelo próprio filho. Então, ela entendeu a cantilena do mendigo sobre o bem e o mal.

A vida é a arte das escolhas. São elas que fazem nossa vida. Porém, sempre podemos refazer nossas escolhas. Aquele que semeia espinhos colherá espinhos, aquele que semeia flores colherá flores e aquele que nada semeia, nada colherá.

Um coração generoso sempre agradece. Um coração maduro dispensa o agradecimento. Se exigimos o agradecimento, este se torna nossa única recompensa. Porém, se o dispensamos, o Pai do céu, um dia, nos recompensará.

Não somos bons ou maus por causa dos outros. É certo que pessoas boas nos ajudam a fazer o bem, mas não se constituem na única razão de ser o que somos. Aquele que faz o bem, sem pretensões, já tem sua recompensa. Pode ser hoje, amanhã ou depois, mas a recompensa virá. Ninguém faz o bem sem receber o bem, mas, quando fazemos o mal, estamos semeando males para nós mesmos.

Concorda com a frase: "O mal que você faz recai sobre você"?

Quem nada semeia, o que irá colher? Por quê?

Começar de novo

*E*ra a última prova do ano. Quase todos precisavam de mais alguns pontos para obter a aprovação. Faltavam apenas 20 minutos para o término da prova, e um aluno foi falar com o professor. Ele gostaria de receber uma nova folha e recomeçar a prova, pois o trabalho estava péssimo. No entanto, o professor observou que não seria possível, pois todas as folhas estavam identificadas. E sugeriu uma alternativa: que o aluno escrevesse no verso da folha que havia usado.

Aceita a proposta, o aluno colocou uma grande cruz sobre o que havia escrito, indicando que aquilo estava anulado. E depois recomeçou a prova no verso da folha. Na hora certa entregou o trabalho e, para surpresa do professor, recebeu uma das maiores notas.

A vida de cada um nunca é uma obra perfeita. Desde os primeiros dias, acumulamos um cabedal de conhecimentos, a partir das experiências que vivemos e das escolhas que fazemos, sejam certas ou erradas. Algumas atitudes são facilmente corrigidas, mas outras não. E por vezes, jogamos a solução para mais adiante, para um amanhã que não chega nunca.

Nossa vida é, então, o resultado das decisões que tomamos. A felicidade é o resultado das decisões certas. Quanto às decisões que nos trazem sofrimento, a responsabilidade também é nossa e não adianta culparmos os outros. É pouco inteligente culpar os pais, os professores, os colegas, a esposa, o marido, o sócio... Nós somos o resultado de nossas escolhas. Das escolhas feitas no passado e das escolhas que fazemos no presente. É certo que não podemos voltar no tempo e fazer um novo começo, mas podemos começar de novo agora.

"Comecemos de novo", dizia São Francisco aos seus frades, "porque até agora pouco fizemos". Então, nunca é tarde para recomeçar. Nas páginas do Evangelho, encontramos a certeza de que sempre é possível recomeçar: o surdo recupera a audição, o mudo começa a falar, o paralítico anda, o morto volta à vida. E à mulher adúltera foi devolvida à dignidade. Ela anulou as ações do passado complicado e escreveu no verso da folha de sua vida um poema de santidade.

O que você prefere: recomeçar ou ficar relembrando o passado?

Você acredita na afirmação: "Nós somos o resultado de nossas escolhas"?

Errar é humano

Um casal viajava por uma estrada bem movimentada. O marido estava ao volante, mas os comandos partiam da esposa. "Agora, entre à direita", determinou ela. O marido obedeceu e logo ficou claro que o caminho estava errado. Imediatamente a esposa acusou o marido pelo erro e diante do espanto deste, ela justificou: "Sim, mandei você entrar à direita, mas à direita de quem vem em sentido oposto".

Um provérbio popular afirma que errar é humano. A experiência de cada dia mostra que é ainda mais humano procurar um culpado pelos próprios erros.

No dia a dia, existem muitas pessoas assim. Massacram os outros, culpando-os pelos próprios erros. E há também os perfeccionistas, sempre à procura de falhas e de culpados por elas.

Não somos anjos, nem deuses, mas pessoas humanas e falíveis. Por vezes, consideramos errado aquilo que não corresponde ao nosso modo de ver e pensar a vida. Mas a realidade mostra que há muitas maneiras de fazer a mesma coisa e chegar ao mesmo objetivo.

Em sua sabedoria, o Evangelho nos lembra, muitas vezes, da necessidade de perdoar e pedir perdão. Dentro desta ótica, fica também evidente a necessidade de perdoar a si mesmo. Somos fracos e falhamos, e se admitirmos isso, perdoando a nós mesmos, não teremos necessidade de procurar culpados pelos nossos erros.

"Sede perfeitos, portanto, como vosso Pai celeste é perfeito" (Mt 5,48). Esta frase, se for mal entendida, se distancia do seu sentido verdadeiro, gerando duas interpretações errôneas: o orgulho de sermos perfeitos, o que não corresponde à realidade, ou o desânimo diante de nossas muitas limitações. E o saudoso Papa João Paulo II afirmava: "O perdão é fruto da justiça. Não existe paz sem justiça".

> *Você é misericordioso consigo mesmo?*
>
> *Quando culpa alguém, se recorda que no momento seguinte poderá cometer o mesmo erro?*

Queimar os navios

A história nos conta o episódio acontecido com o explorador Fernão Cortez, o primeiro espanhol a chegar às costas mexicanas no século XVI. Diante dele estavam as florestas impenetráveis, cortadas por pantanais, povoadas por nativos e toda a sorte de perigos. Seus homens estavam preocupados e o desânimo batia à porta. Fernão Cortez reuniu o grupo e quis saber se eles estavam dispostos a ficar. Diante da resposta positiva, Cortez mandou queimar seus navios que estavam ancorados numa baía próxima e isso significou que não havia possibilidade de recuar. Eles só poderiam avançar; e assim o fizeram, com muitas dificuldades.

A vida também é uma conquista por novos territórios. Cada um estabelece o que conquistar e o preço que está disposto a pagar para realizar seu ideal. Cada pessoa decide o que quer ser: abóbora ou carvalho. Nós temos a medida de nossos sonhos e de nossos projetos, desde que estejamos dispostos a "queimar os navios".

Pesquisando o passado, descobriremos que ele está cheio de pessoas que pagaram um preço alto pelos seus sonhos e por isso seus nomes são recordados. Mas, elas não tiveram ilusões sobre as dificuldades a enfrentar, nem sobre o preço a pagar. E a vitória nunca veio com facilidade. Quase sempre ela foi precedida de muitos insucessos, mas essas pessoas não desanimaram.

Mesmo quando o sucesso não vem, nem por isso o esforço é inútil. Não temos compromisso com a vitória, mas com a luta. Deus não quer saber se vencemos, mas se lutamos. É a luta que dá dignidade à vida de uma pessoa. Mesmo se não for vitorioso, no fim da vida poderá dizer como o Apóstolo Paulo: "Combati o bom combate, guardei a fé, resta-me agora a recompensa" (2Tm 4,7).

> *Você costuma perseverar nas decisões que toma?*
>
> *O que significa a expressão "queimar os navios"?*

Aprendam de mim

Uma família, durante as férias, foi passear por uma floresta. Avistaram flores lindas, borboletas de todas as cores, ouviram o canto das aves, admiraram árvores gigantescas. Depois de longa caminhada, encontraram uma fonte que brotava da rocha e junto dela, estava escrita uma frase: "Aprendam de mim!". O pai quis saber:

– O que podemos aprender com esta fonte?

A primeira a falar foi a mãe:

– Esta fonte me ensina a persistência. Ela sabe o que quer. Nasce na profundidade da terra, brota da rocha, vai seguindo o seu caminho e um dia chegará ao mar.

A filha apontou a pureza da fonte e sua gratuidade:

– A fonte dá de beber aos visitantes, leva vida às raízes das árvores, que produzem flores e frutas. E nada exige por isso.

Para o filho, a fonte servia a todos:

– Ela serve indistintamente aos amigos, estranhos, aves, animais, insetos...

Finalmente o pai observou:

– Cada um aprende o que quer, de acordo com sua experiência e seu coração. A fonte é a mesma. Os corações é que são diferentes.

Isso também vale para a vida. Cada um de nós carrega nos olhos alguns filtros que nos orientam de acordo com o coração. A pessoa bondosa descobrirá a bondade em toda parte; a pessoa invejosa em toda parte verá a inveja. A pessoa otimista terá mil motivos para se alegrar, enquanto o pessimista perceberá apenas falhas, má vontade e erros. São os filtros que formamos ao longo do tempo, mas que podemos modificar.

Francisco de Assis, durante sua juventude, só tinha olhos para a glória, o amor passageiro e as festas. Depois, com os olhos da fé, começou a perceber a bondade de Deus e dos irmãos que o Pai lhe dera. Por isso amava a cada um, mesmo se não fosse correspondido. Percebeu que o mundo saíra das mãos de Deus e, portanto, o universo inteiro era um templo, onde ressoavam divinas melodias.

A fonte da bondade deve brotar em nosso coração, originando-se daí uma torrente de graças, que irá semeando alegria, partilha, pureza e serviço. Mas se a fonte for contaminada, surgirão as desavenças, a guerra e o desamor. Para mudar o mundo, precisamos, antes, mudar nosso coração.

E você? É pessimista ou otimista?

Como viveu Francisco de Assis?

Impresso na gráfica da
Pia Sociedade Filhas de São Paulo
Via Raposo Tavares, km 19,145
05577-300 - São Paulo, SP - Brasil - 2011